中国物流专家专著系列·2017
ZHONGGUO WULIU ZHUANJIA ZHUANZHU XILIE

U0716900

企业物流外包决策研究

白晓娟　著

中国财富出版社

图书在版编目（CIP）数据

企业物流外包决策研究／白晓娟著 . —北京：中国财富出版社，2017. 12
（中国物流专家专著系列）
ISBN 978 - 7 - 5047 - 4867 - 6

Ⅰ . ①企…　Ⅱ . ①白…　Ⅲ . ①企业管理 - 物流 - 对外承包 - 研究
Ⅳ . ①F273.4

中国版本图书馆 CIP 数据核字（2017）第 307788 号

策划编辑　赵雅馨	**责任编辑**　邢有涛　赵雅馨	
责任印制　石　雷	**责任校对**　孙丽丽	**责任发行**　敬　东

出版发行	中国财富出版社	
社　　址	北京市丰台区南四环西路 188 号 5 区 20 楼	**邮政编码**　100070
电　　话	010 - 52227588 转 2048/2028（发行部）	010 - 52227588 转 307（总编室）
	010 - 68589540（读者服务部）	010 - 52227588 转 305（质检部）
网　　址	http：//www. cfpress. com. cn	
经　　销	新华书店	
印　　刷	北京九州迅驰传媒文化有限公司	
书　　号	ISBN 978 - 7 - 5047 - 4867 - 6/F · 2844	
开　　本	710mm×1000mm　1/16	**版　　次**　2017 年 12 月第 1 版
印　　张	12. 5	**印　　次**　2017 年 12 月第 1 次印刷
字　　数	224 千字	**定　　价**　58. 00 元

作者简介

白晓娟（1977—　），女，内蒙古赤峰人，博士研究生，北京物资学院物流学院副教授，主要研究方向为供应链管理、企业物流运作模式研究。

前　言

专著的出版得到北京社科基金项目（14JDJGB038）的资助。

全球经济进程的加快，既为企业发展带来了机遇与优势，同时也给企业生存壮大带来了压力与挑战。因此，企业必须有效地配置人才、技术、资金等资源，才能在激烈的市场竞争中脱颖而出，才能将企业大部分资源投入到能够产生最大效益的企业核心价值活动中去，主攻战略核心业务，而将一些非战略性的、非核心的、不具备特殊能力的业务外包出去，交给第三方企业完成。竞争环境的改变促使我国企业必须集中优势要素和转变原有运作模式才能与之相适应。物流服务是生产服务的重要组成部分，物流业务外包在20世纪90年代末引起政府和企业的高度关注，压力主要来自我国企业在经济发展过程中面临的巨大物流成本，重要原因是部分企业对物流运营存在模式选择模糊及利益分配的矛盾等，造成物流决策的失误；同时专业化物流企业承接物流服务的能力不能满足企业的物流需求。最终表现为企业物流服务需求没有转化为社会化的需求，而专业物流企业的发展也受到制约。

本研究以企业物流外包机理及运作模式为研究对象，阐述物流外包作为供应链管理环境下企业物流资源配置的一种新形式，通过经济契约的方式将其物流业务委托于专业的物流公司，并与其建立长期的、互利共赢的增值运作模式，物流服务需求企业则可以集中精力打造自身的核心能力。

本研究采用实证与规范、定量分析与定性分析相结合的方法展开研究。通过调研和文献综述分析物流外包理论的发展路径及研究趋势，从经济学理论的角度识别物流外包组织形态及其存在的必然性和稳定性，分析物流业务外包的形成机理和实现条件，提出企业物流外包价值网络理论框架及运作模式。同时结合实证企业进行了应用和分析，进而对我国企业物流外包提供决策依据和方法指导。

本研究既有理论的创新，也有方法的创新，具体工作及成果如下：

（1）阐述物流外包作为一种中间组织行为，与简单的市场购买行为及企业物流子公司内部一体化的区别。将中间组织理论应用于定义物流外包，即基于契约的物流服务需求方和供给方之间非股权关系的战略合作行为，其合作过程以满足物流服务需求为目的，同时以实现双方共赢为目标。

（2）从物流外包价值链升级、物流服务系统创新和物流服务工程化建设三个方面提出了物流外包的实现条件，体现为物流外包的治理机制、物流服务系统创新的技术创新和非技术创新两种形式，以及物流服务工程化内容。

（3）构建物流外包价值网络理论框架，包括物流外包价值网络构成要素和基本特征。研究了制造企业物流外包价值网络的影响要素和设计要素，其中影响要素包括物流市场集中度、物流市场进入壁垒和物流服务需求差异化；设计要素包括战略及价值定位、稳定的联系及契约、实施条件及技术基础。

（4）在企业物流外包价值网络运作模式的利益分配方面，结合夏普利（Shapley）模型对物流外包价值网络成员的利益分配方法，从资产投入能力、风险承担能力和创新能力因素考虑引入影响因子对算法进行修正，为物流外包价值网络的应用提供方法指导。

关键词：物流外包；机理；价值网络；模式

作　者
2017 年 8 月

目　录

1 企业物流外包研究综述

全球经济进程的加快，既为企业发展带来了机遇与优势，同时也给企业生存壮大带来了压力与挑战。因此，企业必须有效地配置人才、技术、资金等资源，才能在激烈的市场竞争中脱颖而出，才能将企业核心资源投入到能够产生最大效益的企业核心价值活动中去，主攻战略核心业务，而将一些非战略性的、非核心的、不具备特殊能力的业务外包出去交给第三方企业完成。本章对企业业务外包、物流业务外包的理论基础、物流外包的概念和内涵进行总结和归纳，把握企业物流业务外包相关的理论基础和研究进展，以明晰企业物流外包的机理。

1.1 业务外包研究的理论基础

物流外包是企业业务外包的一种新形式。业务外包管理模式理论的创立源于亚当·斯密的分工理论、迈克尔·波特的竞争战略理论和加里·哈默尔（Gary Hamel）与普拉哈拉德（C. K. Prahalad）的核心竞争力理论。业务外包管理模式的创立就是在上述理论的基础上，利用价值链的方法将企业的经营业务拆分为核心活动和非核心活动，并采用社会分工原理将非核心业务分包出去，以集中企业的人力、财力和物力去从事企业的核心业务，从而增强企业的核心竞争力。

1.1.1 分工理论

亚当·斯密在其代表著作《国富论》中认为，提高劳动生产率是增加国民财富的重要条件之一，而提高劳动生产率的一个有效手段就是劳动分工。理由有三：第一，分工能使劳动者的熟练程度增进，故可以提高劳动生产率；第二，分工使每人专门从事某项作业，可以节省工作转换时间等与生产没有直接关系的时间；第三，分工使专门从事某项作业的劳动者能通过改良工具和发明机械，简化和减少劳动的复杂性，从而提高劳动生产率。

亚当·斯密的分工理论是针对生产领域，但也可以解释外包，因为外包最初就是从生产制造领域开始的。业务外包可以看作是劳动分工的延伸，是整个社会范围内合作与分工的产物。公司把部分业务外包给外部的服务供应商，使进行业务外包的公司和该业务的外包服务供应商都集中于占有绝对优势的业务，双方因而都享受到了绝对利益，并且简化了管理的复杂性，还有助于提高各自的专业化生产率。即如果自己生产效率不高，就外包给业务熟练程度高的人专门生产，在对双方劳动生产率都有所提高的前提下，实现了全社会劳动生产率的提高。

阿伦·杨格在《报酬递增与经济进步》中考察了分工、交易费用和市场范围的关系，重新阐发了斯密关于分工与市场规模的思想。杨格认为，分工取决于市场规模，市场的大小不仅由人口规模决定，而且由有效购买力决定，购买力由生产率决定，而生产率又取决于分工水平，因而得出分工取决于分工的结论。这一方面意味着一个动态机制产生了某种良性循环，使分工水平和市场规模不断提高和扩大；另一方面意味着分工的网络效应使市场大小与分工程度相互依赖。杨小凯认为，分工是交换的产物，分工和专业化水平决定着知识的积累速度和人类获得技术性知识的能力，进而决定报酬递增；但协调分工又需要成本（即交易费用），分工的深化引起交易费用的增加，抑制了分工的进一步发展。交易费用的上升促使人们采用更高的管理手段或技术来提高交易的效率，降低交易费用，进而深化分工。因此，分工经济性与交易费用增加之间形成两难冲突，在这个两难冲突中，"分工的深化取决于交易费用与分工收益的相对比较，呈现出一个自发演进的过程"。当分工的边际效益等于边际交易费用时，分工水平处于最优状态，而能否实现高水平分工则与交易效率有关。

社会分工发展要求分工、交易规模都必须扩大。深化分工产生的交易费用的增加可以通过提高交易效率来求得均衡。交易效率的提高有助于解决由于空间扩大而产生的分工经济和交易费用的两难冲突，促进社会分工的演进，带来更大的社会分工经济效益，从而促使新的产业形成和扩张。

1.1.2 竞争战略理论

20世纪80年代初，迈克尔·波特的竞争战略理论成为战略管理理论的主流，其学说核心主要有五力模型、三大竞争战略、价值链理论等。在《竞争优势》一书中提出一个有效且独特的分析工具，即价值链（Value Chain）。Porter（1985）指出企业的竞争优势来源于其内部的一系列互相关联的价值增值活动，构成了企业的价值链。这些价值增值活动中的每一种都对企业的相对成本地位、独特性、响应能力等外部表现有所贡献，企业正是通过比竞争对手更出色地开展这些价值活动来获得竞争优势的。迈克尔·波特用价值链将一个企业分解为战略性相关的各项活动，根据这些活动对企业利润和经营贡献的不同，可分为基本活动和辅助活动。基本活动是涉及产品的物质创造及其销售、转移给买方和售后服务的各种活动。辅助活动是提供外购投入、技术、人力资源等辅助性的活动。因此，企业应该根据竞争优势的来源，以及通过价值链分析，制定相应的非核心业务外包战略。

竞争战略理论认为，企业应当根据对内部竞争优势与劣势和外部的机会与威胁的深入分析或企业的价值链的分析，制定出正确的战略以强化自身在成本或差异化方面的竞争优势。

对于制造企业来说，其竞争优势一般体现在研究与开发、生产与营销上，在物流的运作上一般处于劣势地位。然而，就全球竞争来说，物流越来越成为企业获取竞争优势的重要源泉。自 20 世纪 80 年代以来，企业纷纷把提高经济效益、增强竞争力从生产领域转向流通领域。从价值链的角度，企业应该将精力集中在价值链中具有竞争优势的某些专门技术或专长。价值链是指：企业是一个综合设计、生产、销售、运送和管理等活动的集合体，其创造价值的过程可分解为一系列不相同但又相互关联的价值增值活动，这些增值活动就构成了企业的价值链。企业的竞争优势来源于其价值链的优势，然而一个企业不可能在价值链的各个环节上都处于优势地位，因而寻求企业间的合作，以获得价值链上的优势互补是市场竞争的必然趋势。作为物流来说，在制造企业的价值链中，内部一般不具有优势，通过将精力集中在价值链中具有竞争优势的研发和生产等领域，将物流外包给专业的第三方物流公司，企业的整个价值链就可以得到强化，企业的顾客价值就可以得到提高，企业的竞争优势也因此会得到增强。

1.1.3 核心竞争力理论

企业竞争力问题始终是企业家和企业战略研究的重点，因为企业竞争力关系到企业的生存和发展。1990 年，加里·哈默尔和普拉哈拉德在《哈佛商业评论》上发表了《企业的核心竞争力》(*The Core Competence of the Corporation*)，首次提出核心竞争力概念，他们认为所谓核心能力，是组织中的积累性学识，特别是关于如何协调不同生产技能和有机结合多种技术流的学识。核心能力是一组技能和技术的集合，而不是某一单个的技术和技能。核心竞争力是指关于企业战略地位的基本资源，是一种稀缺的、难以模仿的、有价值的、可延展的能力，企业的竞争优势来源于企业的核心竞争力。企业应在具有核心竞争力的业务上进行持续投资，而将不具备核心竞争力的业务实行外包。企业外包非核心业务不仅有利于降低成本，而且可以提高质量，使企业专注于核心竞争力。只有那些具有显著唯一性的资源才能称为企业的核心技巧，有关核心技巧的业务核心竞争力理论认为，企业应该确定自己的核心业务和核心优势，如果某项业务不是其核心业务，但它对企业的核心竞争力也很重要，那么可以把该项业务外包给专业公司，从而让企业能够把更多的资源投入到核心业务，创造核心优势，最终提高企业的核心竞争力。此观点一提出，就得到了学术界和企业界的广泛认可，并引起了企业家的高度重视，核心竞争战略也成为企业提高竞争力的主要内容。

企业是由一系列生产要素有机组合而成的。当企业能够比竞争对手更好地使用这些要素完成某项工作时，企业就拥有了一定的竞争优势，进而拥有一定的竞争力。企业竞争力的实质就是企业有效使用生产要素的能力。核心竞争力理论还提出了"外包"（outsourcing）这个词。"外包"即把一些重要但非核心的业务职能交给公司外部的高级外包服务供应商去做，把企业内部的知识和资源集中于那些具有竞争优势的核心业务上，为顾客提供最大的价值以满足顾客需求。这种新型管理模式的目的在于整合利用企业外部最优秀的专业化资源，从而达到降低成本、提高效率、充分发挥自身核心竞争力和增强企业对环境的迅速应变能力。核心竞争力方法回答了哪些业务对企业来说是真正重要的。一个企业的精力和资源是有限的，企业应有所为，有所不为。首先，企业应对本企业有清醒地认识，确定什么是自己的核心竞争力。然后，将企业业务按照与核心竞争力的关系，即与对于增强企业核心竞争力有直接或者间接关系而分为两大类。对企业核心竞争力有直接影响的、具有战略重要性的产品或者服务应当留在企业内部，且需要加大在这些产品或者服务上的投入，不断加强改进；而对企业核心竞争力无直接影响或者影响不大的产品与业务，则应采取外包的方式交给外部的专业组织来处理。

1.1.4　交易成本理论

交易费用理论是西方新制度经济学的一个分支，是由科斯首次提出的。在他看来，市场和企业是资源配置的两种可相互替代的手段。它们之间的区别在于，在市场上资源配置是由价格来调节的，而在企业内部则是通过行政命令来完成的。关于交易费用的定义，科斯认为交易费用就是利用价格机制的费用，是获得准确市场信息所付出的费用，以及谈判和经常性契约的费用。该理论认为影响交易费用的因素包括三个方面。

1. 交易主体的行为

（1）有限理性。交易费用理论突破了新古典经济学的传统，提出了有限理性的人，而不是所谓的"经济人"。理性之所以有限是因为理性的信息是有限的、不完全的、不对称的。

（2）机会主义行为。人们理性的有限性，使得有些交易者可以利用信息不对称或某种有利的地位获得利益，称为机会主义行为。

2. 交易环境

（1）未来的不确定性。未来的不确定性是指未来不可预测性，由于人的理性有限，不可能知道未来会发生什么，因此在交易过程中要尽可能面面俱到，以防不测，这样交易费用势必增加。

（2）市场不足。市场中没有足够的交易者，市场也缺乏可选择性，垄断的存在就会使非垄断的一方付出很高的协议代价，交易费用也会增加。

3. 资产专用性和交易频率

当一项长期交易形成后，所投入的资产就具有专用性。如果这些专用性的资产已经投入，而交易却被终止，投入的资产就会因全部或部分无法改变而损失。交易的频率就是从事某种同一交易的频繁程度，交易频率对交易费用的影响体现在某种固定费用能否得到补偿，交易越频繁固定的费用就越能得到补偿。

科斯认为，市场机制的运行是有成本的，企业要想通过市场获取所需要的资源就必须付出这部分成本——市场交易费用。另外，企业内部运行同样存在一定的管理成本。当企业的内部管理成本小于市场交易费用时，企业选择内部生产，当企业的内部管理成本随着企业规模的不断扩大越来越高，直至超过市场交易费用时，企业则选择通过市场交易获取资源，这就是企业的边界的形成。可通过企业合并和纵向一体化来减少市场交易费用，但随着企业规模的扩大，内部交易费用将同时增加。正是在这种情况下，外包成了企业一种新的制度安排的选择。一方面通过外包使企业精简，进而减少内部交易费用；另一方面外包又减少了搜寻交易对象信息的费用。

但是，交易成本与交易过程的特性是密切相关的。威廉姆森认为交易过程的特性可以分解为三个维度：资产专用性，交易的不确定性和交易频率。交易成本经济学是一种以交易为基本分析单位来研究组织的比较制度理论。它对交易的结构——企业、市场和中间混合组织——进行研究，其核心是要实现交易成本和生产成本之和（总成本）最小化。决定市场交易费用的因素可分为两组：一是交易主体行为的基本特征，即有限理性和机会主义；二是交易性质的三个维度，即资产专用性、不确定性和交易频率。资产专用性是用来衡量资产的专用程度的指标，即一项资产在不牺牲其生产价值的条件下，可调配用于其他用途的程度，专用性越高，转移障碍越大。不确定性因资产专用性的存在而具有意义，不确定性越高，适应性连续决策越重要。交易频率是指交易发生的次数，交易频率越高，分摊到每笔交易所承担的成本越少，可适当减少总的交易成本。不同性质的交易，按照总成本最小的核心原则，要求有不同的交易方式与其匹配。从交易成本经济学的角度分析物流外包，就可以根据物流交易的性质，选择合理的物流外包交易方式，使得企业物流的总成本最小。

1.2　企业物流外包研究的理论概述

物流外包是企业业务外包的一种形式。业务外包管理模式理论的创立源于亚当·斯密的分工理论、迈克尔·波特的竞争战略理论和加里·哈默尔与普拉哈拉德的核心竞争力理论。

亚当·斯密在其代表作《国富论》中指出，通过分工能使劳动者的熟练程度增进，使每人专门从事某项作业，同时使专门从事某项作业的劳动者能通过改良工具和发明机械简化劳动的复杂性，进而提高劳动生产率。迈克尔·波特用价值链将企业的各项活动分为基本活动和辅助活动，基本活动是涉及产品的物质创造及其销售、转移给买方和售后服务的各种活动；辅助活动是提供外购投入、技术、人力资源等辅助性的活动。企业应确定核心竞争优势，采取相应的非核心业务外包战略。核心竞争力理论认为，企业应该确定自己的核心业务和核心优势，对于非核心业务可以外包给专业的公司，从而使企业能够把更多的资源投入到核心业务，培养核心优势，最终提高企业的核心竞争能力。业务外包就是在上述理论的基础上，利用价值链的方法将企业的经营业务划分为核心业务和非核心业务，利用分工将非核心业务分包出去，以集中企业的优势资源从事核心业务。

物流外包作为企业合作的一种新形式，最近 20 年吸引了众多学者和业界人士的视线，在此期间，涌现了大量专注于这一领域的研究文献。笔者通过对上述国内外文献的研读及分析，发现物流外包理论的演进过程遵循从交易费用学说到资源基础理论，最终到网络理论逐步演进的过程，并按照这三个理论对相关文献进行了回顾和述评。

1.2.1 基于交易费用理论的物流外包研究

在物流外包研究的文献中，一部分是基于威廉姆森（Williamson）和科斯（Coarse）的交易费用理论展开的。

运用交易费用经济学分析组织之间的契约关系主要从契约视角、人为因素、交易费用以及实用主义方法论几个方面进行考虑。契约的不完备性决定了契约中将会有缺陷、错误及遗漏等，受有限理性的约束，大部分人都会或在大部分时间都会遵守契约，但随着环境的变化以及利益关系的改变，就会有机会主义出现；违约的风险可以通过设置一些遏制机会主义的保障机制来降低。

威廉姆森（1985，2008）认为，交易的特征属性主要由资产专用性、交易的不确定性和交易频率三个要素决定。资产专用性是指双方在签订契约之后需要对不可转换性资产进行投资，这种资产只能用于某个特定的交易；交易的不确定性的程度是与有限理性联系在一起的；交易频率是和声誉效应、设置成本相关的。下图给出了交易频率、交易的不确定性和资产专用性与外包决策的关系。

传统的经济学假设中，经济学家主要关注产品价格、需求和供给机制，而忽略交易费用。科斯（1937）在其经典论文《企业的性质》中首次提出了交易费用的概念，认为企业获得产品或服务是由市场交易费用决定的，并且企业内部交易也会产生管理费用。企业采取不同组织方式的最终目的是为了节约交易费用，交易费用包括：搜寻费用、度量费用、管理费用、信息处理费用以及不适应成本。

企业通过市场获取所需要的资源就必须承担市场交易费用，同时企业内

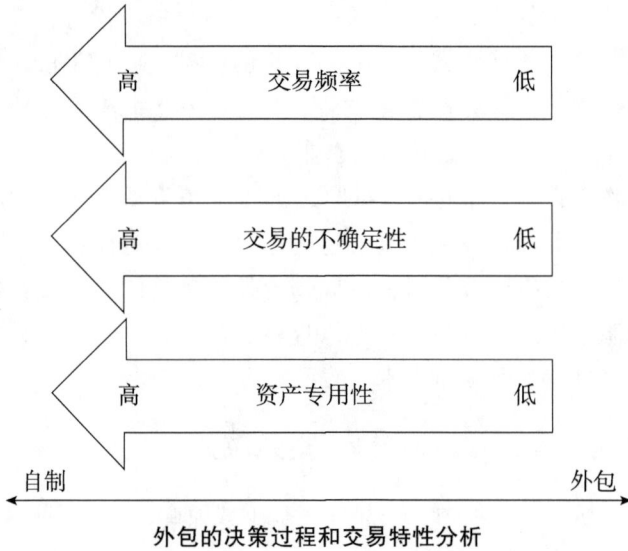

外包的决策过程和交易特性分析

部运行同样存在着管理费用。当企业的内部管理费用小于市场交易费用时，企业选择内部生产；当企业的内部管理费用超出市场交易费用时，企业则选择通过市场交易获取资源。另一种途径，企业可通过合并和纵向一体化来减少市场交易费用，但随着企业规模扩大，内部的交易费用将同时增加。正是在这种情况下，外包成了企业一种新的选择，通过外包使企业机构精简，减少内部交易费用的同时又减少了搜寻交易对象信息的费用。

国内的学者从交易费用理论的角度对物流外包也展开了大量研究。孟祥茹（2004）从物流服务的复杂性和资产专用性两个方面的不同组合，分析了物流外包所处的不同市场形势，并提出对应的发展策略。刘彦平（2005）运用交易成本理论分析了纵向一体化与物流外包边界问题，并从社会分工角度探讨物流外包的优势。卢志舟，郝玉龙和张仲义（2007）运用交易成本理论提出了企业物流外包的边界条件，以及物流外包与资产专用性的关系。吴刚等（2008）从交易费用经济学的角度对反向物流外包的机理进行了研究。王淑云和王旭明（2006）在物流外包机理研究中提出物流外包是介于市场和层级之间的一种混合形式。孟祥茹（2008）从委托代理理论的角度对物流外包进行了研究，研究指出物流服务需求企业设计出的契约能够使企业在自身实现效用最大化的同时，实现第三方物流企业追求自身效用最大化的目标。

1.2.2 基于企业资源基础理论的物流外包研究

20世纪90年代，企业面临的竞争环境发生了很大变化，要求其必须改变原有经营和管理思路。交易费用经济学在解释企业外包决策方面虽然获得了显著成功，但加里·哈默尔认为，交易费用经济学没有认识到企业有集中培育核心竞争力和积累战略资源的需要。

企业资源基础理论（Resource - based Theory）认为，企业是一系列资源和能力的集合体，企业除了关注交易费用外，还需要考虑资源和竞争力方面的因素。企业如果想在竞争的环境中生存和发展，必须确保拥有足够和优势的资源。该理论从企业的内部属性及其所处市场位置的关系出发，研究了企业内部资源与市场的不平衡是形成企业间绩效差异的主要原因，这种不平衡通过市场环境起作用，最终影响企业的竞争优势。

格兰特（Grant）（1991）在企业决策理论中指出决策的主要因素包括企业的资源和能力，该理论将企业战略、竞争优势、资源和能力相结合，作为战略制定的参考因素。企业的发展需要内、外部资源的共同作用来实现，企业可以通过外购或联盟的方式获得稀缺资源，而外包正是企业解决资源稀缺的很好途径。

对于将物流管理能力作为企业的竞争优势研究方面，博卢姆（Bolume），弗兰克尔（Frankel）和纳斯隆德（Naslund）（2007）认为，企业物流核心竞争力是指和竞争对手相比，能够更好地满足顾客的个性化需求。而企业物流核心竞争力的发展需要人力和物质资源的交互作用，并且企业的资源状况将会影响企业物流外包的程度。企业有效执行物流外包战略的能力，可以被看作是企业的一种无形资产。

国内学者田肇云，张群和王淑云（2004）指出物流外包可以更好地减少环境的不确定性和应对外部环境的依赖性，同时提出了企业物流运作模式的四种战略选择。夏文汇（2007）运用资源基础理论对企业的物流能力进行分析，并归纳了物流外包的影响因素包括产品的生命周期、产品需求的特征、物流分销渠道的密度和产品的流通量。杨达（2008）从企业的核心竞争力角度对物流外包进行研究，提出了影响物流与企业核心业务关系的指标体系。

1.2.3 基于网络理论的物流外包研究

随着企业物流运作形式的发展，大量涌现的基于供应链的战略联盟以及一体化供应链解决方案的出现，交易费用理论和资源基础理论已经无法解释这种发展趋势，学者及业界人士开始关注企业组织理论领域的网络理论。

网络理论（Network Theory）主要研究组织间的网络关系，处于网络结构中的企业通过经济的、法律的或社会的纽带联系在一起，企业对于其他企业控制的资源具有依赖性，而且这种依赖性是相互的，企业可以通过互动及建立企业间中、长期关系来利用这些资源。企业间的这种关系会随着企业网络的发展而演变，且这种关系会变得越来越紧密和相对稳定，同时这种关系是动态发展的。

企业网络关系中的互动包括两个过程，即交换过程和适应过程。交换过程包括信息、产品、服务以及社交过程的传递；适应过程是指双方为了促进资源在网络中更好地分配，而对产品、管理系统以及生产程序的改进。网络理论的观点指出，专有资产所带来的优势决定了企业的存在，这种优势的大小依赖于企业和其他企业联系的密切程度。企业通过自有资源与外部资源的整合，把精力从关注内部资源开发转移到如何与其他企业建立关系上，以促进网络技术的发展和资源的高效利用。最终这种长期的、相互影响的良性互动提高了整个网络的运行效率。

网络理论主要关注企业外部关系的形成，以及支持这种关系形成过程的组织结构和联盟形式。哈坎森（Hakanson）和约翰逊（Johanson）（1990）认为，通过企业间的互动，企业之间可以建立基于技术、基于社会、基于管理和基于法律四种不同的联系形式；通过互动关系的建立，企业可以提升理解与管理企业内外业务的能力。

组织学习理论为解释组织之间的关系提供了一个新的研究视角。组织学习理论指出，企业与其他企业建立各种关系的目的是学习或吸收对方的先进技术知识和管理知识。该理论从组织学习的视角研究了第三方物流服务卖方和买方的关系；而传统理论解释组织之间的关系主要是基于交易成本理论或资源基础理论的视角，认为企业间建立组织关系的动机主要来自降低成本、增强竞争优势等。

关于企业间物流关系的大部分研究是从关系营销的视角来解释的。关系营销理论主要通过研究卖主和顾客之间的关系，找到了获得或保持住客户的途径，这些途径主要有调节营销、服务质量以及客户服务之间的联系。关系营销主要关注信任、承诺、资产投入、依赖、沟通以及忠诚等特性，同时通过建立与客户的关系、客户保留、树立好的口碑以及服务补救等产生作用。

运用到物流外包领域，网络理论主要研究基于第三方物流或者供应链的企业战略联盟关系和不同形式的第三方物流企业与客户之间的关系。马士华（2000）从供应链管理理论角度研究了物流外包的战略联盟形式。高志军和刘伟（2009）指出物流服务供应链是从物流服务分包商到物流服务需求方的链状结构，以物流服务集成商为核心，以顾客的服务需求为动力。

通过对以上文献的研究和分析，可以发现从交易费用理论到企业资源理论，最后到网络理论的物流外包理论发展进程中，每个理论都能从一定角度对企业的物流外包决策提供理论指导。交易费用经济学通过对不同交易决策的成本因素进行比较，可以对企业某项物流活动是否外包进行决策；企业资源基础理论综合考虑了企业物流战略和企业的整体发展战略，通过分析企业进行物流外包与企业培育持续竞争优势的作用关系，进而确定企业的战略行动框架；网络理论以交易费用经济学理论、企业资源基础理论为指导，将组织网络理论应用于物流外包决策中，网络理论从企业物流外包战略在整个企业供应链以及企业所处产业网络中的定位出发，指导物流外包决策，因而能够从新的角度诠释网络内企业间的物流关系，以及其对整个企业供应链和产业网络起到的推动作用。

1.3 物流外包概念及内涵研究

1.3.1 外包的概念及特点

外包或资源外包是"Out Source Using"的简称。最早确切提出"外包"一词的是普拉哈拉德和加里·哈默尔（1990），并由罗斯·佩罗（Ross Perot）发现了外包产业。外包依据转移活动对象的差异可以分为制造业外包和服务外包。如果转移对象属于制造加工零部件或某种组装、总装活动的就是制造业外包，又称为"蓝领外包"；如果转移对象是作为投入的服务性活动，是技术开发与支持其他服务活动的外包则是服务外包，亦称"白领外包"。服务外包是指企业把原来在企业内部提供的非核心业务通过正式或非正式的"服务水平合约"外包出去，利用外部最优秀的专业化团队来承接其业务，从而使其专注核心业务，达到降低成本、提高效率、增强企业核心竞争力和对环境应变能力的目的。服务外包使原先通过企业内部协调组织的服务性投入活动，转变为通过市场合约方式联系的活动。20 世纪 90 年代以来，随着信息技术的迅速发展，特别是互联网的普遍存在及广泛应用，服务外包得到蓬勃发展。从美国到英国，从欧洲到亚洲，无论是中小企业还是跨国公司，都把企业有限的资源集中于公司的核心能力上，而将其余业务交给外部专业公司，服务外包成为"发达经济中不断成长的现象"。

目前，学术界对外包的理解并不一致，国外比较有代表性的描述主要有以下几种。美国外包研究所（Outsourcing Institute）指出，"外包"是一种通过有选择地将一些功能（及其日常管理）转交给第三方供应商来围绕核心能力进行的企业重新设计。格里弗（Greaver）认为，"外包"是一个组织将内部重复发生的活动及决策权通过合同的方式转移给外部供应商的行为。海伍德（Heywood）认为，"外包"是将企业内部的一项或多项业务职能连同其相关的资产，转移给一个外部供应商或服务商，由这个供应商或服务商在一段时期内按照一个规定的但受到限制的价格提供特定的服务。郑裕彤（Cheng Suan Soon）认为，"外包"就是一种管理方法：通过战略性地使用外部资源来处理那些传统上由内部人员或资源完成的活动。理查德·邓恩（Richard L. Dunn）认为，"外包"特指把企业内部能完成的那些活动通过长期合约的形式交给外部组织。约翰·马里奥蒂（John Mariotti）认为，"外包"是从企业法律边界外的独立组织获取商品和服务，而不是自制或者由自己来完成这些商品和服务的一种战略决策。亚瑟·安达信（Arthur Andersen）指出：一个业务实体将原来应在企业内部完成的业务，转移到企业外部由其他业务实体来完成，这种行为就称为外包。

外包就是通过将一些传统由企业内部负责的非核心业务转让给专业供应商，以充分利用公司外部的专业资源，进而降低成本、提高效率、增强企业自身竞争能力的一种管理策略。卢锋（2007）认为，外包的特征内涵在于企业在保留特定产品的生产供应基本定位前提下，对生产过程涉及某些环节区段的活动或工作，通过合同方式转移给外部厂商来承担，即外包是在产出不变时，把部分投入环节转移到外部完成的管理方式或分工形态。企业外包出去的对象可以是某一个生产环节，也可以是某项服务，相应地前者就称为生产制造外包，后者称为服务外包。

通过外包，企业将一些传统由企业内部成员负责的非核心业务以委托的方式，通过合同转让给专业的、高效的供应商，以充分利用公司外部的专业资源，从而实现降低成本、提高效率、增加企业自身竞争能力的一种管理策略。西方许多学者都曾对外包下过定义，见下表。

西方学者对外包的理解与定义

年份	学者	对外包的理解与定义
1992	Loh 和 Venkatraman	外部供应商从事与企业整体或部分生产设施相关的物质或人力资源活动
1992	Lieb	利用外部公司履行原本属于公司内部的物流职能，外部公司履行的这种职能可以包括整个物流流程，也可以仅仅是流程内的部分活动
1992	Kotabe	由来自世界各地的独立供应商提供产品或部件的活动
1994	Takac	从企业到供应商的资产转移（计算机、网络、人员），由供应商负责外包业务
1995	Willcocks	为获得预期结果，把组织的部分或全部 IT 和相关服务交给第三方管理
1997	Louis	企业对于某种产品或服务的获取，即将那些现在由内部生产或执行的产品或服务转而从外部供应商处购买获得
1997	Johnson	一种管理义务或责任向外部组织的转移，一种改变服务传递与组织内部员工管理模式的安排
2001	Bask	处于供应链和外包服务供应商界面之上的一种关系，在此界面上，提供商提供从基本到个性化的物流服务，这种关系既可以是长期的也可以是短期的，目的是提高物流活动的效率
2003	Coyle	任意一种物流形式（原本属于公司内部的职能）的外包

外包是伴随着企业供应链的向外延伸，以及企业价值链的转移而产生的。通过对外包内涵和定义的分析，外包行为具有如下特点。

（1）外包行为是企业在生产满足技术上和成本收益可分的前提下，根据利润目标或发展战略所做出的生产经营决策。外包的行为主体是企业，因此外包是一种企业行为。

（2）外包行为反映的是发包方和承接方之间的一种既合作又竞争的关系。这种关系建立在共赢的基础上，因此外包执行过程中的利益分配是双方合作成败的关键。

（3）外包行为与对外直接投资行为不同。外包要求发包方与承接方在产权上是相互独立的。对外直接投资行为中，投资母公司对被投资企业拥有所有权，被投资企业属于非独立法人，产权不分离。

（4）外包与一体化行为不同。外包意味着对企业边界的超越，企业的一体化经营始终处于企业边界以内，而外包则超越了企业边界，利用了企业的外部资源。

1.3.2 物流外包概念及内涵

对于物流外包的概念，国外一般认为物流外包是指企业与第三方物流服务供应商的合作形式。拉森（Skjoett Larsen）（2000）认为，物流外包可以被定义为单一交易、重复交易、合伙契约这三种物流关系形式。这三种关系包含了从一般的物流联盟到整个物流领域的全面合作关系。

罗伯特·里伯（Robert. C. Lieb）（2004）认为第三方物流、物流外包一般指的都是同一事物，并定义它为单一承包商基于合同提供的综合性物流服务，承包商提供至少两种以上的成捆或相联系的服务。对于第三方物流（Third Party Logistics）的定义，学术界尚未统一。里伯（1992）认为，第三方物流包括利用外部公司履行原本属于公司内部的物流职能，外部公司履行的这种职能可以包括整个物流流程，也可以仅仅是流程内的部分活动。

第三方物流是处于供应链层面上的一种关系，物流服务供应商提供从基本到个性化的物流服务，这种关系既可以是长期的也可以是短期的，目的是提高物流活动的效率。在第三方物流中包含三对对偶关系，即货物卖方、货物买方和物流服务提供商之间的三对对偶关系。但是实际生活中的第三方物流关系仅局限于货物卖方和物流服务提供商或货物买方和物流服务提供商之间的对偶关系。鲍尔索克斯（Bowersox）等（1989）按照物流服务卖方和买方之间的关系紧密程度，将物流外包关系从低到高分为以下五种形式：单一交易、重复交易、合伙契约、第三方物流契约和一体化物流服务契约。前两种是短期合作契约关系的交易导向型，价格是合作双方合作的重点；后三种形式类似战略联盟合作关系，战略共赢是双方合作的重点。

国内学者则认为物流外包是指企业将物流业务交与第三方物流公司运作的方式。王淑云和王旭明（2006）指出物流外包是指物流服务需求企业将物流业务外包给第三方物流企业，达到降低成本、提高企业的应变能力和核心竞争力的目的。杨达（2008）和季葆苓（2008）认为物流外包即制造或销售等企业为集中精力增强其核心竞争力，而将物流业务以合同方式委托专业物流公司运作的一种长期的、战略的、相互渗透的、互利互惠的业务委托和合约执行方式。何丽红和李丹（2008）认为物流外包是企业为集中精力于核心业务，将其物流业务的全部或一部分以合同的方式委托给专业的物流公司运作，运作过程中通过信息系统与物流服务提供商保持密切联系，达到对物流全程的管理和控制的一种物流运作模式。

马士华等（2000）认为，企业欲获得竞争优势，必须从企业自身与所处环境出发，培育自己的核心竞争力；供应链管理强调把主要精力放在企业的关键业务上，充分发挥其核心优势，同时在全球范围内选择合作伙伴，与其建立战略合作关系，非核心业务由合作企业完成，这就是业务外包（Outsourcing）。实施供应链管理的企业可以通过业务外包获得比单纯利用内部资源更多的竞争优势。

虽然国内外学者对物流外包的定义不统一，但都体现了生产经营企业为集中精力发展核心业务，将物流活动以合同方式委托给专业物流服务企业，同时对物流全程的管理和控制的物流运作方式这一本质。国内外部分学者认为，物流外包就是第三方物流，笔者认为第三方物流侧重对物流运作模式的描述，而物流外包是企业的一种战略行为，应该从物流需求企业的战略角度进行研究。

1.4　本章小结

物流外包是企业业务外包的一种新形式；物流外包是企业的一种战略行为，应该从物流需求企业的战略角度进行研究。网络理论从企业物流外包战略在整个企业供应链以及企业所处产业网络中的定位出发，指导物流外包决策，因而能够从新的角度诠释网络内企业间的物流关系，并对整个企业供应链和产业网络起到推动作用。

2 物流外包的中间组织识别及形成机理

　　围绕企业物流外包的研究进行分析可知，目前的研究主要针对物流外包的某个或某些局部问题展开，本章将对物流外包的理论性研究做进一步补充。以下主要通过分析物流外包的中间组织特性，建立一个基于中间组织的概念区分框架，通过对物流外包概念的分析，指出物流外包出现的基础条件、必然性及其存在的稳定性，拟对纷繁复杂的表象提供一个本质的解释，并以此为基础探讨了物流外包出现之后的实现条件，为企业物流外包的拓展研究提供建议与指导。

2.1 物流外包的中间组织识别

2.1.1 中间组织的出现及识别

1. 中间组织的出现

　　亚当·斯密提出市场是能够使国家财富最大化的支配力量。市场是生产组织最有效的机制，资源的有效配置完全可以通过市场的价格机制自动调节而实现。市场的优势通过信息处理方面的高效率和对主体的诱因激励体现出来，但是由于投机主义、持久的资产专用性、不确定性以及较高的交易频率导致了交易成本上升，市场失灵。

　　在市场失灵的情况下，科层组织替代市场以更有效地组织生产。科层组织与市场相比最显著的特征是在企业的内部存在着一种权威（authority）关系，这种关系使得科层组织在市场失灵的时候能够有效地组织交易活动。科斯认为通过建立企业，一种生产要素（或其所有者）无须与那些同在企业内部与之进行合作的生产要素（或其所有者）签订一系列的合约（contract）。如果这种合作是由价格机制的运作直接完成的，则签订这一系列的合约就是必要的，这一系列的合约被一个合约所替代，从而节约了交易费用。但是，科层组织也有成本，如存在由于道德风险和逆向选择所产生的代理成本。

随着社会环境的动态演变，在市场与科层组织两种最基本的经济组织形式之间，形成了大量稳定的中间组织。一般来说，中间组织的产生是由于市场与科层组织的失效导致，当引入一种机制能对市场与科层组织的失效进行弥补时，就能形成有组织的市场或有市场的组织。中间组织处于市场与科层组织的中间地带，产生于组织与市场的相互渗透，其内部既有市场的价格机制，也有企业的组织协调机制。中间组织的实质是通过引入合作协调，使企业内和企业间的关系发生了质的变化，进而组织形态发生相应的变化。这种经过合作协调改造的中间组织既克服了市场的缺陷，又克服了企业内权威协调的局限性。中间组织强调经济组织之间和经济组织内各成员之间的相互交流与协作机制，目的是使各独立成员获利并保持战略合作关系。在中间组织内部既有企业内权威协调又有市场协调，同时又引入合作机制，这种新的协调方式促进组织成员间的知识共享和协作创新。

2. 中间组织的识别

中间组织理论是西方经济学的新流派——交易费用经济学所提出的一个重要概念。交易费用经济学理论经过威廉姆森（1979，1985，1991，1996），张五常（Steven Chung，1983）等经济学家的发展和充实，已经广泛成为分析企业战略与组织等重要问题的指向性工具。交易费用经济学是以交易为分析的基本单位，根据制度的比较来研究经济组织的一种方法。各种中间组织的识别与区分和制度的比较有本质的相似之处，因此，交易费用经济学能成为区分中间组织的有效理论工具。

3. 交易的维度

威廉姆森（1979）开创性地建立了交易维度理论，利用三重维度得出科层组织与市场之间存在着混合的组织形态，对这三种治理模式进行了形象的划分。虽然威廉姆森所言的混合规制与本文探讨的中间组织存在本质上的差异，但是交易费用经济学以及威廉姆森的三重维度理论仍是分析中间组织概念区分的切入点。对中间组织区分的理论探索首先是建立在威廉姆森的三重维度交易框架基础之上的。威廉姆森将交易分解为以下三个维度。

（1）资产专用性。

威廉姆森认为，资产专用性是指在不牺牲生产价值的条件下，资产可用于不同用途和由不同使用者利用的程度。克莱因、克劳福德、阿尔钦安（1978）关于可占用准租的分析对威廉姆森上述定义有很大的影响。他们认为，在交易一方开展了专用性投资之后，就会产生一种可占用的专用性准租，其大小等于承租人最优使用的价值与另一承租人次优使用的价值的差额。资产的专用性程度越高，可占用准租越大。

威廉姆森认为存在三种形式的专用性资产，即专用物质资本、专用人力资本、特定地点资本。专用物质资本包括专门为满足一个或少数几个买主的需要而购置的机器设备、建筑物或生产的零部件等。专用人力资本指的是产品的生产需要经过特殊培训的员工来进行。特定地点资本即前后相连的生产过程在相邻的地点完成可以提高效率。资产专用性越强，进行市场交易的费用就越高，在交易中处于有利地位的一方，可以通过要挟、欺骗等手段来提高自己在交易中的利益，对处于不利的一方造成巨大的影响。

（2）交易频率。

交易频率直接影响交易的契约安排以及交易双方的态度。如果双方的交易是一种经常性的活动，就值得花费时间和资源去做一个特殊的契约安排，并且交易双方倾向于采取合作的态度，以降低交易费用；如果双方的交易只是偶然的，那么专门去设计一个特殊的契约安排就没有必要，并且交易双方很可能采取不合作的态度，给交易带来障碍。

（3）交易不确定性。

自然情况、消费需求的随机变动，以及交易一方无从了解交易的另一方所拥有的信息或所做出的决策等都可能导致交易不确定性。由于不确定性的存在，交易双方不可能在交易时将所有可能发生的情况考虑到，从而可能达成一项错误的交易，导致不必要的损失。当不确定性程度很高时，由于很难预测到未来可能的变故，潜在的交易双方甚至很难签订达成交易的契约。为了减少交易的不确定性，需要事先收集有关的信息，导致信息搜寻费用增加。

交易费用经济学的另一研究基础对本文的研究同样重要，即所有复杂的契约都不可避免地是不完全的。契约的不完全性是基于人的有限理性和机会主义的行为假定的。虽然信任能为中间组织防止机会主义提供一个有效的交易基础，但是契约仍是一项起主导作用的约束。交易费用经济学据以运作的契约概念正是中间组织形成与存在的实实在在的纽带，中间组织的结构对交易成本的节约，实际上也就是要解决交易与契约安排相匹配的问题。因此，契约是现存的各式各样的中间组织的特征表现之一，也就成为了交易费用经济学研究基础以及对其主体之间关系和安排进行划分的可用工具之一。通过对契约的决策依据及其规定的合作方式进行识别，中间组织内部形式的轮廓能被勾画得更为清晰。即使双方达成契约，违约现象也较为普遍，为了确保契约执行，需要付出额外的监督、仲裁或诉讼费用。

但仅仅运用交易费用经济学分析内外部区分框架存在弊端：交易成本理论注重的是既定的交易状态、特征和规模，忽视了关系网络中组织间的互动关系。中间组织是一种作为经济行为的企业间、组织间网络，作为关系行为的社会网络，以及作为技术的有形网络。组织的行为与社会网络的关系结构驱动组织间网络的形成，并且表现出很强的动态性以及在此基础之上的协调。博弈论作为研究人类行为的科学，它研究人与人之间的相互影响、相互利用、相互欺骗、相互敌对、相互竞争、相互合作和相互交易等，这一系列的"相互"加到一起就构成了我们通常所说的经济关系、生产关系或社会关系。因此，从主体行为和决策过程的角度研究不同的中间组织结构形态，扩展了中间组织理论的视角和技术分析方法。

日本著名学者今井贤一用决策主体之间的联系方和它们的决策依据这两组行为特征把市场与科层组织严格地区分开来，兼具二者特征的部分，就是中间组织。其中用（M_1，M_2）代表市场协调，M_1 表示利用价格或其他信号追求个体利益最大化；M_2 表示可以自由进入或退出；（O_1，O_2）代表科层组织协调，O_1 表示基于权力之上的命令和共同利益最大化，O_2 表示固定、持续的契约关系。

在以上分析基础上，本文从契约维、行为维和交易维对中间组织进行比较剖析，构建中间组织的概念区分框架，图 2-1 列出了这三个维度所包括的内涵。此框架的运用将有效地对物流外包的特征分析进行指导，从而作为对物流外包组织识别的基础依据和方法。

2.1.2　中间组织与市场及科层组织的区别

中间组织是与市场和科层组织不同的一种组织形式。从模式来看，市场的交易是根据完备的契约进行的，其中交易的收益和交易双方的贡献被规定得非常清楚，契约的执行是通过法律惩罚或者行政协调的力量来进行的。在科层组织中，企业家居于核心地位，企业家与所有要素的所有者签订雇用契约，企业所有活动都在这一契约的约束下进行，契约中未规定的"剩余"部分则由企业家通过命令机制及激励约束机制来分配。在中间组织中，双方签订的契约同样具备法律效力，违约方不仅会受到法律的惩罚，同时还会受到社会规范和行业惯例的惩罚。但契约的不完备程度较高，契约中未规定的

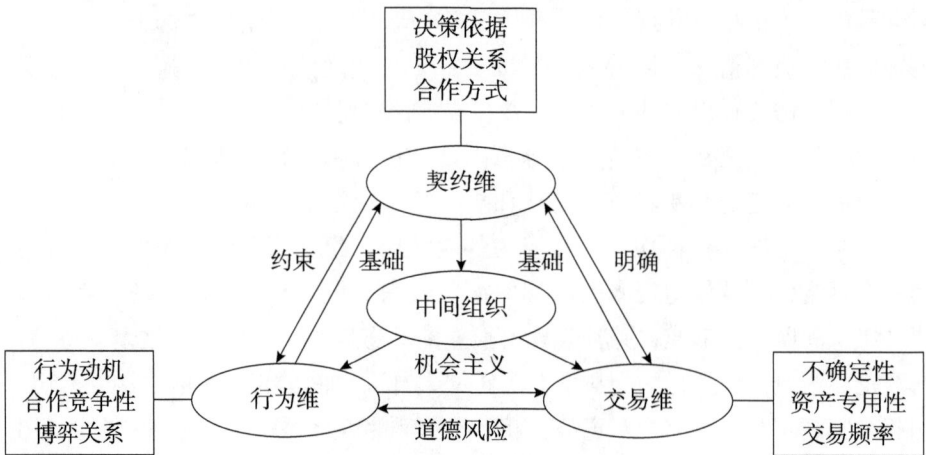

图 2-1　中间组织概念区分框架

"剩余"部分则通过隐含契约来协商执行。

从成本来看，市场的成本主要包括在市场上购买及销售产品的成本。在科层组织中，这种成本是非常低的，但代理成本会上升。由于契约的不完备程度较高，又没有强制执行的权威，中间组织中交易双方之间的协调成本是相当高的。

从灵活性来看，市场为交易双方提供了广阔的选择机会和高度的灵活性，双方可以很容易地找到替代的买者和卖者，它们之间的关系完全是竞争而非合作的。在科层组织中，成员之间既存在竞争关系，也存在合作关系。成员间的工作任务是高度相互依赖的，但是成员间的竞争也使得彼此之间存在利益上的冲突，这种利益冲突使得企业在面临环境变化时所做的调整难以顺利进行，因而科层组织缺乏灵活性。

与科层组织相似，中间组织中的成员既有合作，又存在竞争。与科层组织不同的是，中间组织中的成员彼此是相对独立的，其成员之间的合作和竞争程度界于市场和科层组织之间。中间组织长期的重复交易模式使得新的成员较难进入，这样每一个成员对其他成员所控制的资源的依赖性较高，而且这些资源的不可替代性要高于市场模式，所以与市场和科层组织相比，中间组织的灵活性是中等的。

归纳起来，中间组织与市场和科层组织的区别主要体现在以下几个方面。

1. 垂直一体化程度

资产或资源的专用性是垂直一体化存在的原因，通过垂直一体化可以度量把所有权和产权授予某个中心机构的程度。资产专用性越高越能产生高效能，但是当专用资产被控制在企业内部时，其所有者可以通过拒绝接入而限制另一个企业利用此资产获取利润，最终导致前者对这一专用资产实行垂直一体化。同时，专用资产因缺乏流动性和适应性，其价格往往非常高昂，购买和拥有这类专用资产的高成本导致企业要通过采用规模效应来摊销较高的固定成本。因此，垂直一体化导致的所有权集中可能会造成较低的产品和服务的差异性。

市场中的资产被完全分配掉；科层组织中的资产被牢牢地控制住。中间组织则趋向于涉及多种所有者，每个成员分别实施总资产中某一特定部分的职能。中间组织采用柔性化的资源，推行互利共赢的合作模式，寻求更精致的市场细分。中间组织提供的产品或服务是柔性化、专业化和定制化的。

2. 组织边界和联系

组织边界是中间组织的另一个辨别特征，包括企业与其市场之间的边缘，以及企业中不同功能之间的边缘。企业和市场的相互渗透产生了合作协调的运行机制，网络组织单元之间通过信息技术实现了点到点联系，这使得企业和市场的边界被打破。信息流动模糊了传统的企业边界，中间组织中的企业处于丰富联系的环境中。

中间组织中的联系是根据需要呈现自主的、合作的、发散的网状联系。问题的发现和知识的获取可能通过多种松散的联合或不太紧密的连接获得，并不是像科层组织要通过垂直渠道获得，打破了科层组织中上下级的线式联系。而市场通常是一次性的、松散的直接联系。

3. 任务基础

中间组织借助于企业间和企业内的合作网络，从功能导向转变为市场推动的项目导向。中间组织不再是从功能到功能地传递项目，而是把各种功能同时集中到一个确定的项目上。在项目导向下特定的功能组合不再适合每个项目的不确定性需求，这种转变意味着更难以事前制订规定的方法。在此情况下，对组织而言由相对独立的成员进行决策通常是有利的，但前提是成员目标必须与组织目标相一致。任务基础的转移导致了中间组织中的任务较多采用项目导向，这使得中间组织产出的产品或服务差异性较强，生命周期更短。

4. 知识和影响模式

在中间组织中，影响和指挥其他人的能力，不再源自传统的地位或科层组织中的职务级别，而是源自知识。对于中间组织而言，知识和技能成为重要的管理标准，业绩和技能使组织更容易成功。组织中企业间的影响模式更多地采取合作协调的方式进行，这种合作协调来源于技能和专业化的实践知识。

2.1.3 物流外包的中间组织理论

中间组织的模式一般有战略联盟、企业集团、特许经营、资源外包、虚拟组织、网络化组织等。物流外包作为一种中间组织形式，具有一切中间组织的特性，如垂直一体化程度、任务基础等。以图 2 - 1 分析的中间组织概念区分框架为基础，对物流外包分别从契约维、行为维和交易维进一步分析，并从中间组织理论的角度归纳出物流外包的定义。

1. 契约维

物流外包是企业的一种战略行为，与企业的战略发展目标相一致，物流外包是建立在信任和合作的基础上的。物流外包的选择，不是对市场的临时变化所做出的应急反应，而是增强企业竞争力的一种远期谋划。同时，外包行为注重从战略的高度改善合作企业共同的经营环境和经营条件。因此，外包行为与企业核心能力具有较强的关联程度。

物流外包行为通过契约形成和存在，所有复杂的契约都不可避免地是不完全的。原因主要在于以下几点。首先，物流服务需求企业在签约前与第三方物流企业之间的信息是不对称的，无法真正了解第三方物流企业的能力。其次，契约本身难以完备，契约中不可能准确地去规定第三方物流企业的工作努力程度，即便做了规定，也难以测量。最后，因为外部环境的不确定性，物流服务需求企业无法辨别利润的高低是否是由第三方物流企业的工作努力程度所致，所以物流服务需求企业不可能完全依据本企业的利润向第三方物流企业支付报酬。

虽然契约具有不完全性，但是物流服务需求企业可以通过逆向选择合同的设计，把不符合要求或能力低的第三方物流企业排除代理人之列。而且通过建立长期的合作关系，有助于实现物流需求企业与第三方物流企业目标的一致性。

2. 行为维

按参与成员在组织中的合作竞争关系是零和博弈还是非零和博弈进行划分，有两种形式：一种是传统意义上的市场；另一种是战略网络。这样的划分对于具有战略网络性质的物流外包模式也是很有意义的。物流外包是以物流活动为纽带形成的战略联盟，而市场作为简单的购买行为，厂商之间的关系是松散随机的，并不存在紧密的合作关系。在物流外包的合作企业间，竞争机制让位于合作机制，以合作取代竞争成为双方之间关系的主流。不同外包合作伙伴之间的竞争，使得同一合作伙伴内部企业之间的博弈在多数情况下是非零和博弈。如果该合作与竞争对手的平均效率相同，说明外包并没有带来优势，简单的市场购买就能获得同样的结果，则博弈是零和博弈。物流外包的非零和博弈态势为合作的产生提供了可能。

物流需求企业通过物流外包委托第三方物流企业代表它们的利益从事物流服务的运作。第三方物流企业成为物流需求企业的稳定伙伴，有了稳定的业务来源。在激烈的市场竞争环境中，稳定的业务是企业生存和发展的重要因素。第三方物流企业为了获得持续的物流业务，会积极地提高物流服务质量和降低物流成本，并不断提高物流服务水平和绩效，以赢得物流服务需求企业的隐性激励，即双方在合同到期后继续签署新的合同，来发展长期的合作关系。这样既可以最大限度降低第三方物流企业的自利风险，又可以让物流需求企业更好地专注于核心优势，从而提高整个供应链的竞争力。所以，物流外包关系满足激励相容约束。

3. 交易维

外包与市场的区别主要在于其资产专用性的强度。外包提供的是专用性资源，市场提供的是标准化的资源。物流外包涉及专用性投资和专用性服务，物流服务需求方或提供方必须投资专用性设备，获得专用性知识，提供专用性服务。当交易双方都进行了专用性投资后，就限制了其他交易方的进入，物流服务需求方对物流服务供给方的依赖程度也是一种专用性的关系投资。在进行物流外包决策时，不同类型企业的物流资产的专用性程度是不同的，可以初步将物流资产的专用性分为高度专用性、混合专用性和非专用性三个层次。

随着市场需求的变化，物流服务需求作为间接需求，其所受到的环境不确定性的影响将会被逐级放大。物流服务需求的不确定性体现在运输路径、运输量、订货周期等随时可能发生变化的方面。因为难以预测一些突发事件，所以要求物流系统能够快速、及时做出反应，要求物流服务供给方提高决策柔性，以适应物流服务需求方的要求。

物流的交易频率是指物流需求方与供给方在一定时期或一定数量下的交易次数。多品种、小批次已经是现代市场需求的一个重要特征，作为为生产和流通领域服务的物流活动，同样具备较高的交易频率特征。

通过对物流外包从契约维、行为维和交易维进行分析，可以看出物流外包作为一种中间组织行为，完全不同于简单的市场购买行为，也不同于企业设立物流子公司所采取的内部一体化方式。这里将物流外包定义为基于契约的物流服务需求方和供给方之间非股权关系的战略合作行为，合作过程以满足物流服务需求为目的，同时以实现双方的共赢为目标。

2.2 物流外包的形成机理

2.2.1 全球生产分工体系的发展

当今世界是一个竞争的世界，更是一个协作的世界。生产过程的技术可分性为全球生产分工创造了必要的条件。在追求规模经济效益、突出企业核心能力以及提升企业整体国际竞争力等因素的驱动下，企业生产分工的范围和规模不断扩大，并随着全球市场的形成以及运输和通信成本的降低而跨越国境。

当前的全球生产分工体系已经从产业间分工经由产业内分工发展到产品内分工，由产品分工发展到工序分工，分工的层次越来越深，分工的部分越来越细。近三四十年全球生产分工体系的主要发展体现为产品内分工方式在全球的迅速蔓延。一般来说，产品内分工是一种特殊的经济国际化过程或展开结构，其核心内涵是特定产品生产过程的不同工序或区段通过空间分散化展开成跨区或跨国性的生产链条或体系，因而有越来越多的国家参与特定产品生产过程不同工序或区段的生产或供应活动。从上面的定义来看，产品内分工的核心和关键在于"生产工序的国际分工"，分工的对象不再是以前的产品，而是特定产品的生产工序。分工对象的不同导致产品内分工在贸易形式上与传统分工方式存在差异。一般来说，在传统生产分工方式下国际贸易的对象主要以制成品为主；而在产品内分工方式下国际贸易的对象则转为以生产工序产出的零部件等中间投入品为主。换句话说，产品内分工在流通上体现为"零部件和中间产品多次越境贸易"。由此，国际生产就可能这样地展开：一个总部设在美国的企业，也许会在其设立于印度的分公司进行半导体元件的设计，在中国台湾的一个材料厂购买晶片，在菲律宾进行芯片的组装和测试，使用一个独立的物流公司将芯片运往德国，并在整个欧洲市场上销售。不同的生产环节或工序分处在不同的国家和地区，企业一体化经营和非股权关系的业务外包形式并存。生产越来越多地越出了传统的企业边界，而表现为一种互为发包商和分包商的网状生产组织形态。如果从生产链条来看，在产品内分工方式下，一系列分处不同国家和地区的企业分担各个生产环节和工序，共同完成某个特定产品的研发设计、生产制造和品牌销售的全过程。从生产链条的上下游关系来看，这实际上形成一条跨国供应链，其价值创造过程就相应地形成了全球价值链。如果从企业生产行为的角度来看，生产工序的国际分工必然涉及分工的双方，一方将生产工序转移出去，而另一方将这些生产工序承接过来。由此导出了外包、代工以及由此衍生出来的原始设备制造/贴牌代工、原始设计制造/设计代工等概念与范畴。它们实际上刻画和描述了分处在不同产品内分工层次的外包企业和代工企业。因此，外包行为（代工生产）构成了产品内分工的企业行为基础，作为国际分工对象的生产环节或工序的增加也就意味着制造业产业从外包企业所在国向代工企业所在国的逐渐转移。

2.2.2 物流活动的可分性和价值链分割

现代生产区别于以往生产的重要特征在于现代生产过程复杂精密的程度越来越高，生产分工的范围越来越广，分工的程度也越来越深，生产环节之间的联系越来越紧密。但上述特征的实现离不开生产的可分性这个前提。生产的可分性至少包含两层含义：技术上的可分性和成本收益上的可分性。前者可以视为生产垂直分离的必要条件，而后者则体现了生产垂直分离的实际可能性。如前所述，众多新技术的开发和应用基本上保证了一般生产制造过程的技术可分性，因此生产垂直分离的实现主要依赖于成本收益上的生产可分性。换句话说，生产垂直分离行为的发生主要取决于企业对生产分离的收益与成本的权衡。

简单来说，就处于生产链条特定位置的生产企业而言，如果自主生产的成本大于将该生产环节分离出去的成本，那么该生产企业从利润最大化（或成本最小化）的原则出发必然采取生产分离（即外包）决策；反之，则该生产企业仍然保留该生产环节，在本企业内自主生产。实际上，如果生产的分离在空间上又跨越了国境，那么这种跨境的生产垂直分离也就是国际外包行为。因此，成本收益上的生产可分性就成为解释外包活动的一个突破口。

物流外包的理论源头应追溯到传统的古典经济学，其核心思想之一是社会分工及其带来的专业化经济。分工被定义为生产中职能或操作的分离，分工包括社会分工和部门分工。这两类分工都可以形成网络经济效应，分工会通过提高劳动的熟练程度、节省工作转化的时间，来提高生产效率和产出水平；分工使得个人集中于某项职能和操作，其多样化的消费难以通过自身的专业化生产得到满足，必须借助于市场交易，于是分工又拓展了市场范围、刺激了产品需求。

分工带来经济性的同时也增加了交易费用，分工的经济性和交易费用增加的两难构成了分工演进的基本约束。同时，分工的深化也带来企业组织形态与结构的演变，企业组织结构从集权式职能组织演变到事业部制分权结构，再到协同的网络系统。由于分工带来了物流与生产、销售等的可分性，产生了社会中的专业物流企业（第三方物流企业），因此物流外包的产生是社会发展的必然。所以，分工带来的社会专业化是物流外包方式产生的必要条件，使物流外包的存在具有合理性和可发展性。

1. 分工与迂回生产

（1）分工的产生。

市场的大小由人口规模和有效购买力决定，生产率决定购买力，而生产率又取决于分工水平，因此分工水平和市场大小构成良性循环。分工的演进可以划分为自给自足、部分专业化和极度专业化三个阶段。自给自足状态下的交易效率低，没有分工和专业化；部分专业化状态下的交易效率较高；极度专业化状态下的交易效率极高。

在生产—消费系统中（见图2-2），图2-2（a）表示自给自足的状态，没有市场供需，也没有交易费用。圆圈表示组织形态，弧线表示自给的产品流。图2-2（b）说明存在分工，弧线表示产品流，状态中存在两个市场，分别是 x 的市场和 y 的市场。由于各组织的专业化水平较高，各种产品的人均产出比自给自足时高。但是各组织必须进行两次交易以获得必需消费品，所以交易费用也比自给自足时高。此外，此结构中组织的相互依存度、各种产品的生产集中度以及社会一体化程度都要比自给自足的高。

分工的产生和发展受交易效率及专业化水平的制约。当交易效率和专业化经济程度足够高时，完全均衡是分工；当交易效率或专业化经济程度相当低时，完全均衡就是自给自足。随着社会分工水平的不断提高，社会分工的进一步深化，企业将物流活动外包给社会专业化物流服务提供商，使分工的

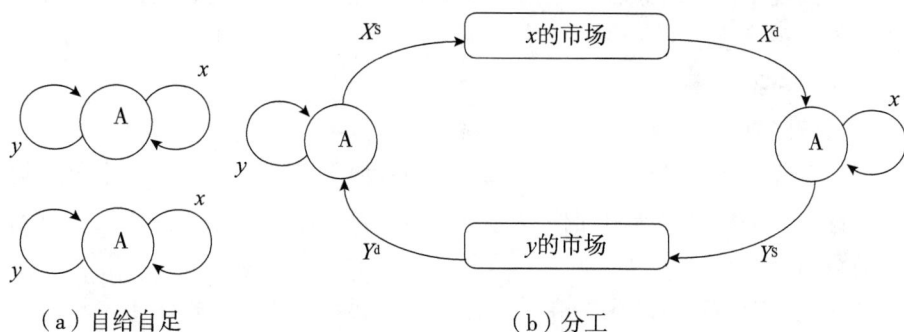

（a）自给自足　　　　　　　　　　　（b）分工

图 2 - 2　静态分工的演进过程

经济性得到进一步体现。

（2）迂回生产。

分工包括个人的专业化水平、专业多样化程度以及生产迂回程度三个方面。其中专业多样化程度与生产链中同一层次专业部门间的横向分工有关；生产迂回程度则与生产链上、下游专业部门间的纵向分工有关。迂回生产涉及对生产工具的利用，与简单的分工经济相比，更多地取决于市场的规模和前期收入水平。社会分工层次的加深及社会中出现的大量中间产品就是迂回生产的结果。对于较大规模的企业来说，为了追求专业化经济，在企业内部组织较为复杂的分工。当分工带来的专业化经济大于内部组织成本的增加值时，企业的分工就会停止。随着交易效率的提高，企业会发现某些活动采用外部方式来组织可能会提高效率。通过资源外包，增加了整个市场的分工层次，减少了企业内部的分工层次，企业对依然保留在内部的生产过程实行进一步的分工，生产效率进一步得到提高。这种必须保留在企业内部，无法外部化的分工实质上就是企业核心能力所在。

企业内分工的深化有利于提高效率，但企业内部组织结构复杂程度的增加会增加费用，这种低成本和高效率的矛盾很难通过内部协调来解决。当社会分工深化到一定程度，资源外包的社会条件形成，再加之企业引入市场机制动机的要求，资源外包的产生便在情理之中。因此，可以利用分工和专业化经济、生产迂回程度来解释外包的产生。

显而易见，分工的网络经济效应具有报酬递增的特征，它是促进经济长期发展的一个基本动因。可以说，经济发展的要点就是促进分工演进以形成网络效应。由于分工可以在个人专业化水平、迂回生产程度和产品种类数三个方面得到度量，因此分工演进意味着个人专业化水平提高、迂回生产程度增强和产品种类数增加。

2. 价值链的分割

价值链的思想描述了现代生产过程内部可分与相互协作的特点。企业所从事的生产经营活动可以分为相互关联和相互协作的若干部分，每个部分均在前一部分的基础上创造附加价值，各个部分附加价值的总和构成企业所创造的总价值。

按照生产上的先后顺序，将上述各个相互联系和相互协作的生产活动或环节进行排列，得到了一个生产链条，即价值链。在价值链基础上提出的"全球价值链"和"产业价值链"概念是分析全球产业关联、产业升级等问题的便利工具，其概念的核心在于将某个产业上、下游不同企业的价值链结合起来，从而构成由原料经过若干中间品再到最终消费品的整个产业生产、消费链条。

假设某产业价值链由若干个企业的价值链组成，将组成价值链的每个企业所对应的生产过程定义为生产阶段，此处的生产过程为广义生产，既包括生产制造活动，也包括服务活动。根据生产过程的可分性，每个生产（或服务）阶段又可分割成可分离的若干环节，这里称为生产（或服务）环节，如图 2-3 所示。

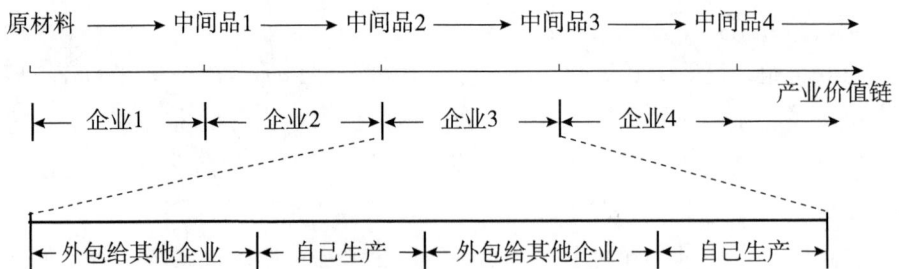

图 2-3　生产阶段与生产环节的可分性

在图 2-3 的生产链条中原材料被企业加工成中间品，越接近生产链条终点所包含的价值就越高，在生产链条的末端中间品最终将转化为最终消费品。图中每个企业所对应的产业价值链上的部分为生产阶段，可以将其中的某个企业（如企业 3）的生产阶段划分成若干生产环节，而这些环节或者由企业自己组织生产，或者企业选择外包给其他企业。

产业价值链中的生产环节指的是每个生产阶段中可分离的若干部分，但这些可分离的部分或环节必须在技术上满足可分性要求，同时可以被分离出去而外包给其他企业；对于外包出去的环节或部分，每一个生产环节要对应一家外包承接企业，也就是说，这里的生产环节或部分指的是那些可能被外包出去并由其他企业承接的最小部分。

对生产阶段的如上补充，一是考虑企业在进行生产分离（或外包）决策时，并不是任意生产阶段均可以分离出去；二是考虑到生产环节这样定义后，就成为了企业外包和其他企业承接外包的基本单位和主要对象。

企业在考虑物流外包决策时，将可分离的物流活动进行外包。物流活动的可分性是物流外包的前提条件。从价值链的角度出发，物流活动的可分性主要体现在价值链的分割上。整个企业价值链可以划分成若干阶段，而每个阶段又可划分为若干个环节。

2.2.3　物流外包形成的必然性

物流外包形成的基础条件是社会的分工，社会分工与协作组织在知识经济时代条件下的发展与演化导致了外包的形成。从企业组织变革的角度来看，外包解决了企业"生产什么，不生产什么"的问题。通过外包可对企业边界进行重新定义，因此外包具有企业边界重整的特性。物流外包解决了企业物流服务活动由谁提供的问题。

1. 企业边界的静态分析框架

威廉姆森（1967）的企业边界与规模理论认为不确定性、交易频率与资产专用性决定企业边界与组织规模的变化。该理论从静态角度分析，交易不确定性、交易频率和资产专用性与交易内在化存在正向关系。这三种因素构成了威廉姆森启发性模型（a heuristic model），如图 2-4 所示。

图 2-4 中，横轴 k 表示资产专用性指数，纵轴代表成本。

假设 $\beta(k)$ 为企业内部组织的治理成本，$M(k)$ 为市场的治理成本。

当 $k=0$ 时，$\beta(k)>M(k)$，这是因为市场在成本控制方面优于内部组织。随着资产专用性指数 k 的提高，市场的治理成本随之提高。当市场治理成本与内部组织的治理成本在某一点达到相等后，市场治理成本逐渐高于内部组织的治理成本。

图 2-4 中的 ΔG 曲线和 ΔC 曲线，分别令 $\Delta G=\beta(k)-M(k)$，ΔC 为企业在稳定状态下自己生产某一产品（或提供服务）时的成本与在市场购买该

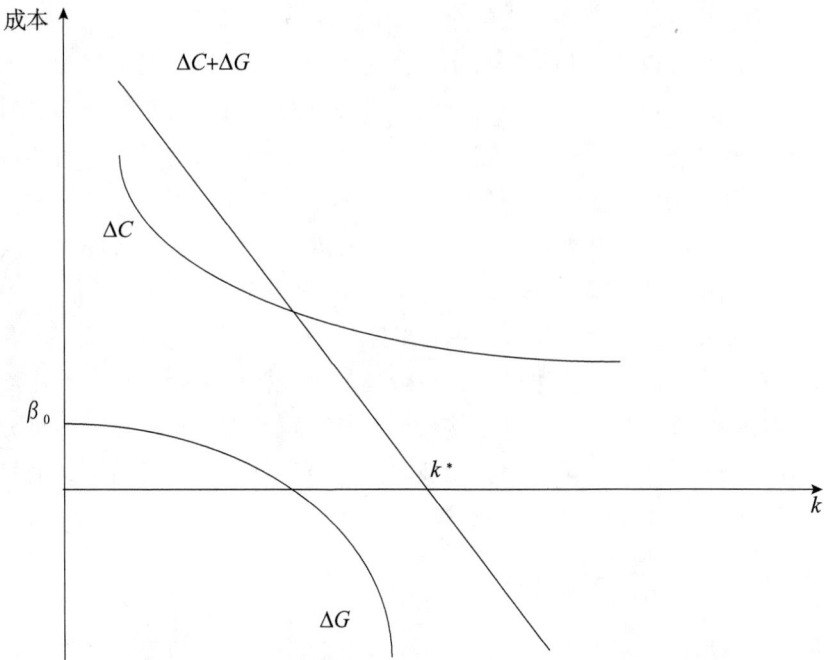

图 2-4 威廉姆森启发性模型

产品（或服务）时的成本之差。企业自己生产某种产品和在市场向其他厂家购买同一产品，会有不同的成本，而 ΔC 是 k 的减函数。因为，当资产专用性 k 较小时，由于产品生产的市场规模较大而价位较低，因此购买成本较低；当资产专用性 k 较大时，市场规模较小，购买成本也因此上升。但是，由于外部市场的规模经济永远不会小于企业内部市场的规模经济，因而企业自己生产的成本必然永远不小于购买成本，即 $\Delta C \geqslant 0$。

图 2-4 中将 ΔG 和 ΔC 相加而得到图中的 $\Delta C + \Delta G$ 的曲线，使 $\Delta C + \Delta G$ 最小化是企业追求的目标。$\Delta C + \Delta G$ 与横轴的交点 k^* 就是将交易在市场和企业之间分配的临界点，当资产专用性小于 k^* 时，交易以市场占优势；相反，以内部组织占优势。此时，静态模型下的交易无资源外包存在的必要性，所有的交易形态均表现为企业和市场两种机制。

2. 改进的外包启发性模型

随着社会经济的发展，威廉姆森的静态启发性模型已经不能满足现实的需要。当市场逐步向个性化、动态化、产品生命周期日益缩短的市场演变时，当现代信息技术大幅度降低市场交易费用时，市场环境的不确定性随之增强，因此要对模型进行修正。

在威廉姆森静态启发式模型的基础上，引入外包的治理成本变量，得到改进的企业边界启发性模型，如图 2-5 所示。

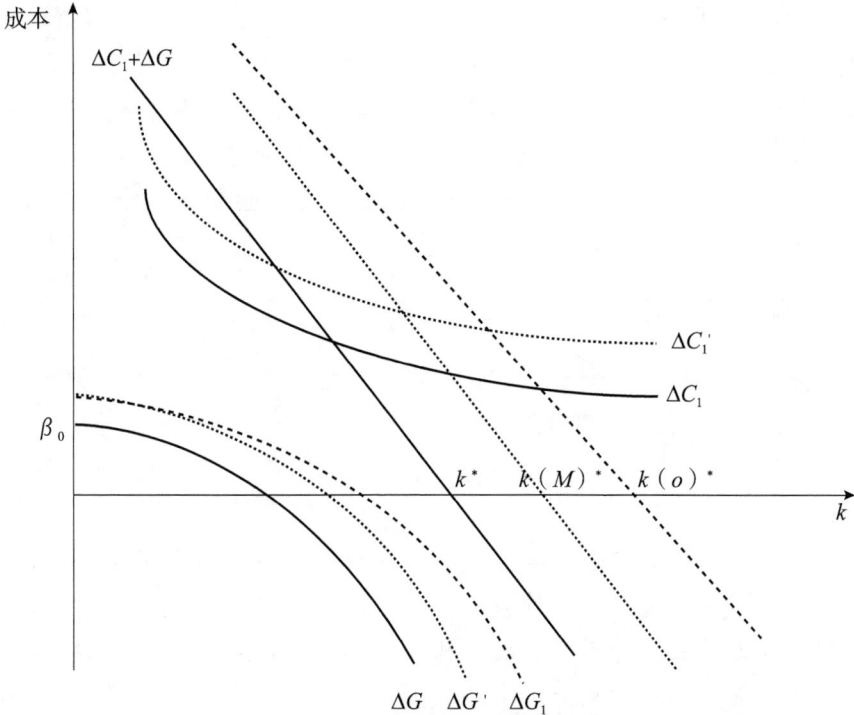

图 2-5 外包启发性模型

假设 $o(k)$ 为资源外包的治理成本，当 $k=0$ 时，$\beta(k) > o(k)$。随着 k 的提高，资源外包与市场的治理成本也越来越高。令 ΔC_2 为企业自营和外包的生产成本之差。在此假设资源外包的生产成本与市场采办成本无太大的差别，令 $\Delta C_1 = \Delta C_2$，在这里用 ΔC_1 表示。当市场环境发生变化后，企业的治理成本和生产成本会随之增加，即 $\beta(k)$ 增大，ΔG 和 ΔC_1 曲线上移，分别表示为 $\Delta G'$ 和 $\Delta C_1'$。此时企业就会选择在既有环境和资源条件下的最佳战略，资源外包逐渐从不稳定状态走向稳定。此时令 $\Delta G_1 = \beta(k) - o(k)$。外包的运作模式可以通过长期合作降低治理成本，则 $o(k) < M(k)$，所以 ΔG_1 曲线如图 2-5 所示。$\Delta C_1 + \Delta G$ 曲线上移，即 $\Delta G'$ 和 $\Delta C_1'$，与横轴相交于 $k(M)^*$，$\Delta C_1' + \Delta G_1$ 交于 $k(o)^*$。$k(M)^*$ 就构成了市场与外包之间的分界点，$k(o)^*$ 构成了资源外包与企业之间的分界点。因此，企业的边界将收缩，

内部分工逐步外部化，在企业与市场之间存在一种中间组织，即资源外包。

19 世纪 20 年代末期形成的传统企业模式以大规模、大批量生产为基本特征，现代企业模式是基于专业化分工的多品种、小批量的个性化定制模式，企业的竞争优势已不仅仅取决于传统的产品质量、价格、售后服务等因素，更取决于企业本身是否具有快速响应市场的柔性能力。物流外包就是企业为应对激烈的市场竞争、适应动态的环境而建立在专业化基础上的一种内部分工外部化的企业组织模式，通过物流外包，制造企业集中精力于核心业务。由此可见，物流外包的形成具有一定的必然性，是社会经济及社会分工发展到一定高度之后的产物。

2.2.4 物流外包存在的稳定性

信息经济学在经济领域的应用，使得许多经济问题可以用数学方式来解决。博弈论作为信息经济学的重要分析工具，能对企业行为进行分析，即对企业为什么会采取资源外包形式进行有效论证，从而证明了这种形式在经济环境中的稳定性。

假设现有甲企业与乙企业，双方存在物流服务外包和承接的合作空间。将企业间是否进行资源外包的策略看成一个博弈过程。在这个博弈过程中，双方具有完全的行为理性和完全的信息，每个参与人对所有其他参与人的策略和收益完全地了解，而且所有参与人同时选择行动且只选择一次，双方具有相同的合作与不合作组合的策略空间。所有参与者选择的最优策略一起构成一个策略组合。一次博弈的结果导致纳什均衡的出现，即（不合作，不合作）的策略组合，而不可能出现（合作，合作）策略。

对于唯一的纳什均衡的博弈而言，有限次完全且完美重复博弈的结果是一次性博弈均衡结果的简单反复，即这个有限重复博弈结果只是纳什均衡策略的反复出现。正是这种唯一性使得这类博弈最后进入类似"僵局"的局面，为打破"僵局"，将这个博弈扩展为无限次重复博弈。由于是无限次重复，博弈中可以考虑这样的规则：假设双方先选择（合作，合作）的策略组合，但如果在某一阶段有一方（如甲企业）选择了不合作策略，那么从下阶段开始的以后所有阶段中，另一方（乙企业）肯定也选择不合作策略，甲企业从而也只能以不合作策略应对乙企业的不合作策略。因此，在无限次重复博弈中一旦有一方在某阶段选择不合作策略，那么以后将永远只能选择或不得已选择不合作策略，则双方此后均衡的策略组合为（不合作，不合作）。因此证明在这个无限重复博弈中双方始终选择（合作，合作）策略。

由于供应链节点企业之间特有的处境结构，物流外包策略一旦选择，上述的"囚徒困境"均衡不复存在，参与企业以合作博弈取代非合作博弈成为所有企业基本的策略选择。同时，企业之间的博弈具有重复博弈的性质，而且企业交易的持续性使得这种重复博弈没有明确的截止日期，因此具有无限重复博弈的性质。

迈尔森（Myerson，1991）认为博弈中的参与者通过利用局前通信，把他们的期待协调到一个对某些或全部人都有较好福利性质的焦点均衡，才能有效实现合作。因此合作博弈的实现，取决于合作企业在采取行动之前进行的有效协商，并就彼此有利的行为过程或策略组合形成有约束力的契约，在博弈结束时再重新分配所得支付的总和。基于信息共享的现代信息技术为物流外包的稳定存在提供了有效信息沟通的坚实基础，为外包和承接企业之间每一回合博弈的局前通信创造了条件。

本节对物流外包形成的基础条件、必然性和存在稳定性提供了一定的证明。而物流外包演进的另一关键问题在于探讨物流外包出现之后的发展过程，尤其是在对于制造企业物流外包有效需求不足的背景下，物流外包的实现条件也是研究的关键。

2.3 物流外包的实现条件

2.3.1 物流外包价值链升级

在研究物流外包的实现条件方面，不仅要强化物流服务需求企业的物流外包意识、推进物流业务的专业化，更在于如何使外包服务承接企业在承接物流业务过程中价值链升级，使得我国的第三方物流能真正具备承担物流业务的高增值服务能力。本节试图在物流服务领域借鉴全球价值链理论，剖析物流外包的促进规律，从而为制造企业物流外包的实现提供有益的思路。

1. 物流外包价值链

全球价值链理论是由 20 世纪 80 年代中期哈佛大学商学院教授迈克

尔·波特提出的价值链（Value Chain）理论和20世纪90年代格里芬（Gereffi）提出的全球商品链（Global Commodity Chain）理论共同发展而来。物流外包价值链是指外包商将物流服务外包给供应商，供应商完成提供物流服务的全过程。从图2－6和图2－7可以看出物流外包价值链与全球价值链的区别。

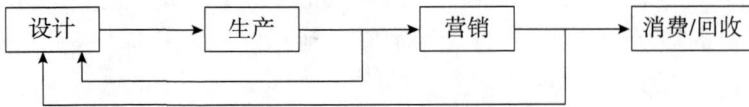

图2－6　简化的全球价值链

资料来源：KAPLINSKY R，MORRIS M. A Handbook for Value Chain Research ［M］. Ottawa：Prepared for the IDRC，2001.

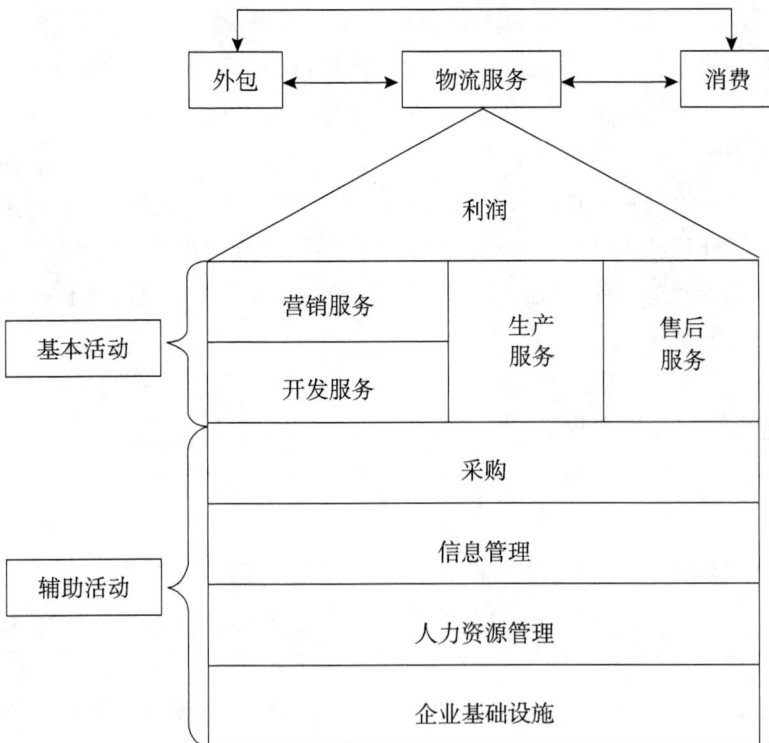

图2－7　物流外包价值链

对于全球价值链而言，其流程的划分要相对细分和清楚一些，而且这些流程可以分布于不同的国家和地区，由不同的企业来完成。而物流外包价值链的流程划分则相对模糊，同时在全球价值链的生产、营销和消费/回收环节都存在物流服务。

物流外包价值链和全球价值链最大的区别在于外包方和消费方是同一行为主体，其服务生产和营销也合而为一。物流服务过程既可由多个供应商或一个供应商来完成，在最后消费时既可由外包方自行完成一个项目的组合，也可由一个供应商完成全部的组合。因此物流外包价值链中最为突出的就是外包商与物流供应商之间的关系治理问题。

借鉴迈克尔·波特基于制造业的价值链理论，赫斯克特等西方学者提出了专门针对服务企业的利润链理论，即服务价值链。利润链理论阐述了利润、顾客、员工和企业的关系，提出了获利能力、顾客忠诚度、员工满意度和生产率之间的联系。服务价值链的内在逻辑是：营业额与利润的增长是由顾客的忠诚度决定的，忠诚的顾客给企业带来超常的利润空间；顾客忠诚又源于顾客满意，企业提供的服务价值决定了顾客满意度；外部服务价值是由那些能够在企业中工作的具有较高生产率的员工创造的，而这又要基于员工满意度，员工满意度依赖于企业内部的服务质量。由此可见，顾客满意度最终是由员工满意度决定的，而员工满意度是可以由多方面决定的，比如岗位设计、工作环境、激励机制、选拔培养、服务工具以及技术支持等，并且员工对自身服务能力的评价也会影响其自身的满意度。

赫斯克特的利润链理论可以很好地解释服务企业竞争力的形成过程。首先是内部质量驱动员工满意。内部质量描述了员工的工作环境，包括员工的挑选和开发、奖酬和认可、对服务信息的获得、技术和工作设计。员工的工作环境影响员工满意度，员工满意度决定员工保留率及生产率。员工保留率和生产率决定服务质量与服务价值，服务价值影响顾客满意度。顾客满意度影响顾客忠诚度，顾客忠诚度决定企业的获利能力与成长。这样，由内部工作环境开始经过一系列中间环节，最终影响到服务企业在市场经营中的占有份额与赢利能力，即影响到其市场竞争力。而服务企业核心竞争能力的形成则应从服务利润链的各个环节着手培育，基于服务价值链的服务创新活动是培育和保持服务企业核心竞争力的动力和源泉。

2. 物流外包价值链的治理机制

物流外包价值链的治理分为两个层面，一个是外包商和供应商之间的双边治理；另一个是物流供应商之间的网络治理。

（1）双边治理。

随着企业对于物流外包的态度从策略性的削减成本到战略性的提高竞争力，物流外包的治理往往是决定外包成败的关键因素。就目前来看，物流外包的治理主要有三种形式：第一种是层级型，或者为内包，由自己的子公司来提供物流服务；第二种是市场关系，寻求公司外的供应商；第三种是关系型，由企业与物流服务供应商共同建立合资企业，来供应外包服务。决定选择何种治理形式，取决于供应商的能力、服务资产的专用性、交易的复杂程度和物流业务在企业中的战略地位。

（2）网络治理。

一个大型的外包项目往往不会由单一的公司来完成，通常由许多公司共同来完成。一般是由规模庞大实力雄厚的大公司签下合同，然后再进行转包，大公司在其中担当供应链管理者的角色。随着物流服务供应商的实力增强，后一种形式越来越多。而这样的实例也是非常多的，如香港的利丰集团、总部设在深圳的怡亚通公司，都是以提供物流服务及供应链管理而闻名的企业。

3. 物流外包价值链的升级

物流外包价值链的动力机制分为两种形式，分别由需求企业和物流企业来推动。从需求企业来看，物流外包的主要动机是降低成本、减少投资和让企业专注于核心业务。物流外包形成的最基本原因仍然是全球产业分工和专业化，可以帮助价值链不同环节上的企业互惠共存。需求企业和物流企业驱动的价值链具体内容如下表所示。

需求企业和物流企业驱动的价值链表

	需求企业驱动的价值链	物流企业驱动的价值链
动机	降低成本、让企业专注于核心业务、降低系统风险	建立支柱产业和支柱企业
形成原因	分工的专业化，服务的标准化	
方式	投资和贸易并重	以贸易为主，投资为辅
典型产业部门	商贸零售企业	仓储、运输企业

（1）物流服务功能的升级。

物流业务外包的内容从基础业务（如中转运输、市内配送、仓储保管等业务）向真正具有外包潜在效益的供应成品分销管理、包装和流通加工以及库存控制等方面扩展，同时物流系统设计以及物流信息管理服务功能的开发也将是高增值外包业务转化的趋向。物流服务功能将向着高级以及良好的系统化供应链物流管理和资源整合方向发展。

（2）合作关系的升级。

随着物流服务功能的升级，也伴随着合作关系的升级，需求企业和物流企业从市场交易关系发展到战略联盟和合作伙伴关系。关系的建立是一个长期的过程，中间也会有反复，并不会与服务功能的升级同步发展，而是高于服务功能的升级。

（3）物流外包价值链的升级。

随着产业分工的继续深化，物流外包不仅是简单地由第三方物流企业来完成企业内部的物流工作和流程，而会逐步发展和开始形成物流业与其他产业的融合，形成新兴的服务业。物流外包的成熟，以及物流企业核心竞争力的建立，就代表着物流外包价值链的升级，完成了从承接基本辅助的物流活动到价值链中核心地位创建的升级过程。

2.3.2　物流服务系统创新

服务创新的特性源于服务的自身特性。服务创新的内涵比制造业创新丰富得多，从形式到内容都与制造业创新有较大差异。服务创新可能是技术创新，但更多的是非技术创新，如组织创新、结构创新等，技术只是其中的一个维度。因此理解服务创新不能从狭隘的"技术决定"观点出发，要从更为广阔和多维的角度进行考察。服务创新或是新服务产品的创造，或是新技术的引入，或是新知识和信息的产生，或是对待某事或某人的新途径和新方法，或是服务员工新的行为，或是新的组织形式，或是新的市场开拓等。

服务创新过程包含很多部门和个人的参与，其中部门之间、部门与个人、个人与个人之间都存在较复杂的交互作用。顾客的参与以及众行为主体的参与，表明服务创新是一个比制造业技术创新复杂得多的过程。在制造业的生产过程中，顾客只是最终产品的被动接收者或使用者，不参与产品的生产和传递，也不与制造商发生交互作用。从顾客参与的角度看，这种生产过程称为"独立生产"过程。而在服务业的生产过程中，顾客积极参与到整个生产和传递过程中，并与员工发生大量交互作用，因此这是一种"合作生产"过程。这两种过程的对比反映出服务业与制造业性质上的差异，导致两者创新过程的重大差异。

很多服务创新产品是在与顾客的交互作用中根据顾客需求生产的，是在不同环境中针对特定非标准化问题产生的，因此是一种"特制"产品。顾客以各种不同形式积极参与服务创新过程是服务创新最重要的特性，知识密集型服务更是如此。描述顾客参与服务生产特性的术语有"合作生产""服务生产""服务关系""真实一刻"和"生产消费"等。

服务创新过程的复杂性还体现在实施过程的灵活性方面。服务企业可根据需要跳过某些阶段和步骤，有时则可以几个阶段和步骤同时进行。这种灵活性对于确保创新顺利、高效地进行具有重要作用。

服务创新过程包含了相当丰富的交互作用，包括内部和外部的交互作用。服务创新以顾客需求为导向，在与顾客的互动作用中创新。顾客不仅是创新思想的重要来源，而且作为"合作生产者"参与创新。除了与顾客的交互作用外，服务企业还与知识和技术供应商、设备供应商等外部行为者发生交互作用，交互作用质量的好坏同样会影响创新的最终效果。服务创新在企业内部同样是一个交互作用过程。

物流服务系统创新与传统的创新有着明显的区别。传统的创新是指工业产业的创新或某个产品的创新，而不包括服务创新。对物流服务系统的研究不仅需要对其外包价值链进行分析，还要研究服务系统创新的形式及内容。

国际经济合作发展组织（OECD）在《促进服务创新》报告中指出，服务创新通过从外界获取知识和合作实现，而不是依靠传统的研究与发展。同时，人力资源在创新中发挥重要作用，企业间关系是服务创新的重要驱动因素。这为区别物流服务系统与传统产品创新的不同之处提出了指导。

从服务创新的特征可以看出，当今的服务创新需要若干领域的合作，单独依靠一个领域是无法解决的。服务创新将技术创新和非技术创新相结合，其中非技术创新包括需求创新、商业模式创新、社会组织创新和其他因素创新。

1. 技术创新

物流服务系统是由人、技术和组织结构组成的价值网络，技术创新是系统创新的驱动者和支持者，其中技术构成从根本上改变了物流服务的形成方式和交付方式。技术创新在现代物流服务系统中起着关键作用，物流服务系统是以信息技术为基础建立起来的价值系统，信息技术的支持将物流服务由功能单一到功能一体化、由基本服务到定制服务，甚至延伸到企业的生产经营过程。

现代物流服务系统的技术创新主要体现在借助于现代科技手段，包括物流作业过程中的各种现代物流设施、设备以及电子通信技术。其中，电子通信技术的发展是物流服务得以创新的最重要条件,第三方物流企业借助它能够实现系统化、一体化的物流管理,同时物流服务需求企业也可以适时、快速、准确地获得各种物流信息,从而提高企业生产经营的可控性和可预见性。

2. 非技术创新

非技术创新在物流服务系统创新中的重要作用也是不能忽略的。物流服务系统创新不仅包括技术创新,而且包括第三方物流企业主导的创新、物流服务需求企业主导的创新和二者之间关系的创新。

一是由第三方物流企业主导的创新,是指系统的创新由物流服务供应商提供,进而需求企业参与互动,例如物流业务流程重组、物流信息系统升级等,通常需要技术创新的支持。

二是由物流服务需求企业主导的创新,这种创新来自企业的需求,进而物流服务供应商设法提供满足需求的服务并参与互动,如拓展物流业务范围、增加服务功能等。

三是二者之间关系的创新,通过改进二者之间的合作关系,寻找新的共赢点。企业间的合作关系对促进信息共享、提高企业效率的影响是不可低估的。

不管是技术创新、需求创新、供应创新,还是关系创新,都会涉及商务模式的创新、组织创新和其他因素的创新,技术创新不但是物流服务系统创新的一项重要内容,而且对非技术创新也起着重要的支持作用。物流服务系统的创新是一个系统化的过程,技术创新和非技术创新主要体现在服务内容上,随着物流服务内容的不断拓展,新的物流服务系统将形成。

2.3.3 物流服务工程化建设

21 世纪现代服务业在全球范围内快速发展,主要发达国家产业结构呈现出由"工业型经济"向"服务型经济"的迅猛转变。现代服务业具有"三高"和"三新"的特点。"三高"是指:技术含量高,人力资本含量高,附加值高。"三新"是指:采用了大量新技术,形成许多新的产业形态,新的服务方式。

服务业与传统制造业、软件业相比,有其特殊性:无形,或有形与无形的结合;不可预先制造或存储;即时性;与顾客接口多且顾客直接参与生产。因此,服务过程的标准化和工程化更有其必要性。

1. 物流服务工程化是提升物流服务水平的关键

要提高我国物流服务的水平,必须结合物流服务的特点和我国现代物流业的现状,摸索出一套适合我国物流服务发展的管理模式。通过对物流所处的服务业共性过程的研究和提炼，建立现代物流服务标准化体系，以有效帮助服务企业降低成本、提高效率，快速健康的发展。

《国民经济和社会发展第十一个五年规划纲要》明确指出"十一五"期间要大力发展现代服务业，通过运用现代经营方式和信息技术改造提升传统服务业，提高服务业的比重和水平。《国家中长期科学和技术发展规划纲要（2006—2020 年）》中，把现代服务业与信息产业并重，设立了信息产业与现代服务业领域。科技部将"现代服务业"的概念界定为在工业化比较发达的阶段产生的、主要依托信息技术和现代管理理念发展起来的、信息和知识相对密集的服务业，包括由传统服务业通过技术改造升级和经营模式更新而形成的服务业以及随着信息网络技术的高速发展而产生的新兴服务业。科技部提出了"共性支撑，横向协同，创新模式，促进产业"为指导思想，并明确指出要研究并创建现代服务业中具有自主知识产权的规范及标准，建立现代服务业工程化管理创新体系，特别是要形成面向业务重组的服务标准和服务交互标准。物流服务工程化是从系统集成的角度将物流服务系统划分为标准层、过程层、技术研发层和应用层，每层包含的具体内容如图 2-8 所示。

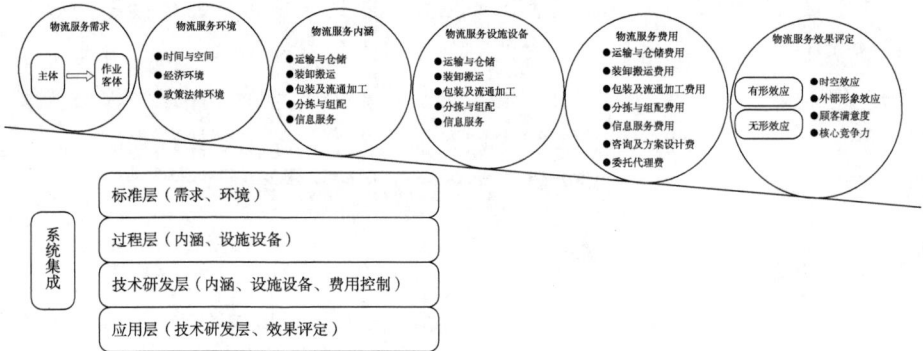

图 2-8　现代物流服务系统示意

物流服务标准化以物流服务特征和具体内容为研究对象，从工程化的视角开展现代物流基础标准工作，因此物流服务标准体系的建立有助于完善现代物流服务共性支撑技术标准规范的研制，同时也有利于推动现代物流服务的试点示范工程，促进我国现代物流服务工程与管理研究开发水平的提升。

2. 物流服务工程化建设内容

（1）物流服务工程标准体系研究。

围绕现代服务业发展的共性问题，在现代服务业标准体系框架下，重点研究现代物流服务工程化的标准体系，主要内容包括物流领域的服务过程参考模型研究、现代物流业服务共性特征及过程研究、现代物流服务工程相关标准研究以及现代物流服务工程标准体系框架的构建等。同时，通过系统的标准化研究，明确物流服务工程化中的标准需求，指导该领域的标准化工作开展。

（2）现代物流服务工程能力成熟度标准化研究。

积极跟踪分析 ISO（国际标准化组织）/IEC（国际电工委员会）相关的服务标准化成果、欧盟服务标准化以及信息技术领域的 IT 服务 CMM（能力成熟度模型）、CMMI - SVC（能力成熟度模型集成服务模型）等的进展，将软件工程领域及其他领域过程改进中的成熟度模型进行扩展，结合现代服务业工程化特征研究与分析，提炼形成我国自主的服务能力成熟度标准，使之成为既保持与国际先进技术标准的协调和兼容性，又具有适合我国现代物流服务业特点的基础标准。

（3）现代物流服务工程度量标准化研究。

鉴于软件过程领域的过程改进度量理论和方法研究已经比较成熟，将 IT 服务度量应用于现代物流服务业，开展现代物流服务业的过程能力度量方法体系研究，逐步形成现代物流服务工程度量系列标准，为实施现代物流服务业的量化管理与科学管理提供支撑。

（4）现代服务工程基准比对标准化研究。

针对现代服务业的共性特征和组成要素，结合现代服务业的度量体系，利用基准比对的技术和方法，形成基于基准比对的现代物流服务业过程改进体系，并以此为基础，形成现代物流服务工程基准比对标准，对基准比对的指标、实施方法、管理等进行规范。

2.4　本章小结

本章主要通过分析中间组织理论，建立了物流外包的中间组织的理论框架，并基于此方法定义了物流外包属于一种中间组织形式，是物流服务供需方之间的非股权关系的战略合作关系；从经济学和分工理论角度，阐述了物流外包出现的基础条件、必然性及其存在的稳定性；探讨了如何推进物流业务外包的开展，即物流外包的实现条件，为制造企业物流业务外包的拓展提供了发展方向。

3 物流服务需求市场

3.1 制造企业物流服务需求现状

制造业属于工业的一部分。按照三次产业的划分，工业可以分为三大部分，包括采矿业，电力、燃气及水的生产和供应业，以及除上面两大部分外的其他工业行业即制造业。制造业的具体行业构成参见附录A。

制造业物流是生产服务业的重要组成部分，是提高制造业核心竞争力的关键。调查显示，从原材料到产成品的生产过程中，90%以上的时间处于包装、运输、仓储、装卸搬运和配送等物流环节，而加工制造的时间一般不超过10%。据中国物流信息中心统计，截至2016年12月，社会物流总额为229.7万亿元，其中工业品物流总额214.0万亿元，比上年增长6.0%。制造业与物流业的互动发展不单是制造企业和物流企业的共同利益所在，同时也是国家调整产业结构、转变经济增长方式的重要途径之一。

随着物流业务在企业中地位的提升，物流服务需求分析越来越得到物流服务供给方及需求方的重视。物流服务需求分析为制造企业的物流运作提供战略指导。与一般意义上的服务需求相比，物流服务需求涉及面广、内涵丰富，它包含了运输、仓储、包装、装卸和配送等多方面服务内容，而这些服务都分别有各自度量衡。本文通过对近几年来国内生产总值、工业增加值、货运量和货物周转量数据的分析[①]，能够间接得出制造业物流服务需求总体规模及发展趋势。

（1）物流服务需求总体规模分析。

物流服务需求总体规模与经济发展存在高度正相关关系，通过对我国国内生产总值和工业增加值的趋势分析，可以反映我国物流服务需求总体规模

---

① 由于制造业数值难以从以上数据进行分离，所以以其数据为依据进行分析。

的发展变化趋势。另外，在当前缺乏系统的社会物流量统计的情况下，可通过对全社会货运量和货物周转量的发展状况分析来代替物流活动中包装、运输、储存、装卸搬运、流通加工等和配送各物流环节作业量的总和，近似表述物流服务需求总体规模状况及其发展趋势。

据国家统计局相关统计资料表明，自 2011 年以来，我国国内生产总值一直保持平稳上升趋势，到 2016 年达到 744127 亿元（按可比价格计算）。近 6 年来国内生产总值发展变化情况如图 3-1 所示。

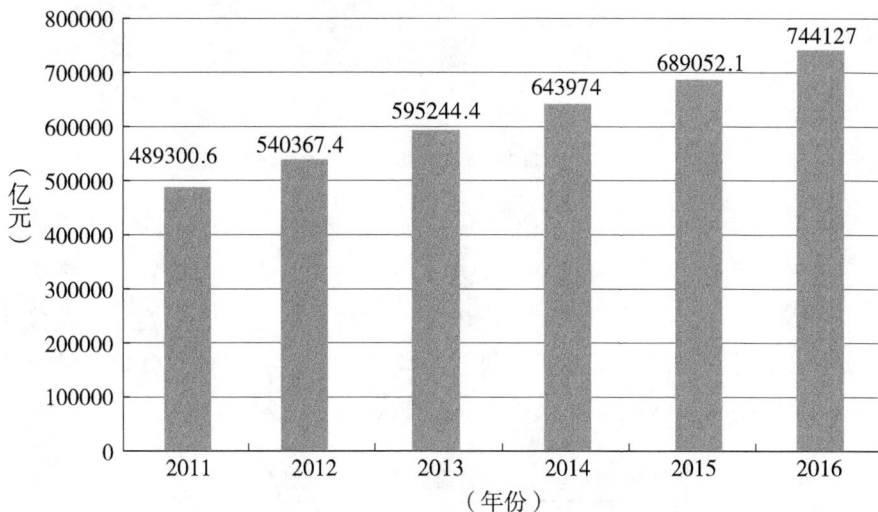

图 3-1 2011—2016 年国内生产总值

2016 年全部工业增加值 247860 亿元，比上年增长 6.0%。全年规模以上工业中，农副食品加工业增加值比上年增长 6.1%，纺织业增长 5.5%，化学原料和化学制品制造业增长 7.7%，非金属矿物制品业增长 6.5%，黑色金属冶炼和压延加工业下降 1.7%，通用设备制造业增长 5.9%，专用设备制造业增长 6.7%，汽车制造业增长 15.5%，电气机械和器材制造业增长 8.5%，计算机、通信和其他电子设备制造业增长 10.0%，电力、热力生产和供应业增长 4.8%。工业战略性新兴产业增加值增长 10.5%。高技术制造业增加值增长 10.8%，占规模以上工业增加值的比重为 12.4%。装备制造业增加值增长 9.5%，占规模以上工业增加值的比重为 32.9%。六大高耗能行业增加值增长 5.2%，占规模以上工业增加值的比重为 28.1%。2011—2016 年工业增加值情况如图 3-2 所示。

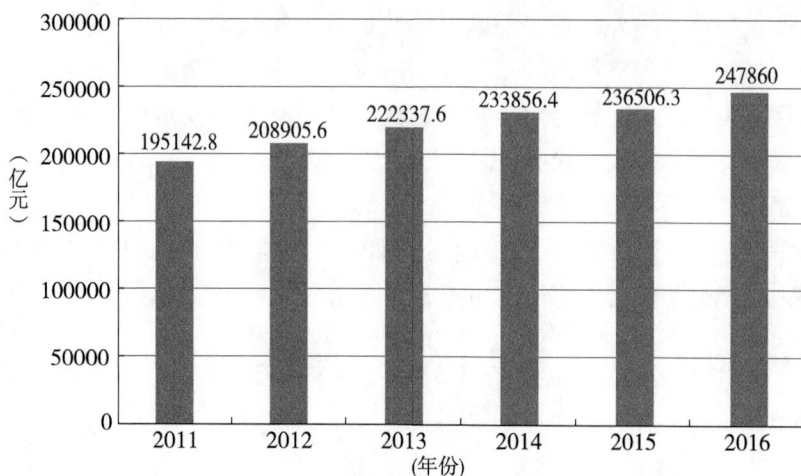

图 3 - 2　2011—2016 年工业增加值

从图 3 - 1 和图 3 - 2 中可以看出，我国工业增加值持续上涨，不断增加的经济总量要求与之相应的物流规模来支持。快速、稳步增长的国民经济是物流服务需求快速增长的基础，而货运量和货物周转量的变化趋势更直接地反映了物流服务需求规模及发展趋势。2011—2016 年我国全社会货运量及货物周转量保持了持续快速增长，具体数据如表 3 - 1 所示。

表 3 - 1　　　　　　2011—2016 年我国全社会货运量及货物周转量

年份	货运量总计（万吨）	货物周转量（亿吨·公里）
2011	3696961	159323. 6
2012	4100436	173804. 5
2013	4098900	168013. 8
2014	4167296	181668
2015	4175886	178356
2016	4404000	185295

资料来源：根据《中华人民共和国 2016 年国民经济和社会发展统计公报》整理，本表按当年价格计算。

从表 3 - 1 的数据可以看出，我国全社会货运量和货物周转量的增幅不仅表明我国物流服务需求量在不断增加，而且表明货物运输的平均距离在不断增加，物流辐射范围不断扩大。

（2）国际物流服务需求规模分析。

国际物流服务需求规模随着国际贸易和跨国公司经营的迅猛发展，也呈现了迅速增长的势头。据海关总署发布的数据显示，2016年我国外贸进出口总值为243344亿元，略低于2015年的贸易总值。在进口商品中，主要大宗商品进口量均有不同程度增长。2009年我国取代德国，成为全球第一出口大国。进出口贸易的迅猛发展，使作为国际贸易和跨国经营基础命脉的国际物流得到快速发展，并成为物流服务需求的主要组成部分。除此之外，国际物流涉及的范围广、环节多，其构成成员涉及贸易业者、陆运业者、海空运承揽业者、货柜业者、报关业者、航空公司、船运公司以及港口，其所涉及的范围除了包括双边国家的内陆运输段外，还包括远洋运输和国际航空运输。

国际物流服务需求规模的增长不仅促进了运输、仓储、包装等物流环节需求的增长，而且也促进了国际物流服务供需方之间合作方式的多样化发展。

（3）物流服务需求结构分析。

物流服务需求可分为低端物流服务需求和高端物流服务需求两类。低端物流服务通常包括运输、存储、包装加工、配送等传统附加值较低的业务，高端物流服务通常包括按客户定制所进行的流通加工、物流系统设计和供应链管理等附加值较高的新型业务。

国家发展和改革委员会经济运行调节局与南开大学现代物流研究中心联合组织编写的《中国现代物流发展报告2014》显示，从物流需求的具体业务种类看，传统业务需求仍稳居主导地位，潜在需求空间也相对广阔。根据本报告2012年及2013年的调查结果，表3-2显示了工商企业外包物流业务的种类及其变化。

表3-2　2012—2013年我国工商企业外包的物流项目需求分布

项目＼年份	2012	2013
仓储保管	22.7	27.7
包装与流通加工	21	23.4
采购管理	17	21.5
物流信息管理	16.8	20.3

年份 项目	2012	2013
物流系统设计	15.4	18.8
产品装配与安装	14.3	18.4
库存管理	7	4.3

资料来源：国家发展和改革委员会经济运行调节局，南开大学现代物流研究中心．中国现代物流发展报告2014［R］．北京：北京大学出版社，2014.

从表3－2中看出，2013年我国高端物流服务的增长幅度高于低端物流服务，传统物流服务的仓储保管反而有所下降，这说明虽然传统物流服务仍占据物流市场的主体，但新型物流服务的发展步伐开始加快。

报告中，工商企业未来打算增加外包业务种类，既包括传统物流业务类型又包括新型的高端物流服务类型。在未来打算增加的外包业务类型中，干线运输所占比例最高，为37.9%；其次是仓储保管，占15.6%。新型业务需求所占比例分别为：包装加工11.5%，物流信息管理23.4%，物流系统设计19.5%。

同时根据中国仓储协会与《物流技术与应用》编辑部所做的"第六次中国物流市场供需状况调查报告"显示，工业企业除传统物流服务外，更加重视和需要物流过程管理、物流决策和物流信息等服务。

3.1.1　制造企业物流业务外包现状

自20世纪80年代以来，物流业务的外包引起了国内外产业界和政府的高度关注，同时一些学者也对物流外包，特别是对中国背景下物流业务外包的特点和规律进行了深入的探讨。制造企业通过将物流业务外包给专业的物流服务供应商，可以降低物流成本、快速响应市场，进而提升企业的核心竞争力。下面通过分析中美两国整体制造业物流业务外包的情况来探讨制造企业物流外包现状及发展趋势。

1. 美国制造业物流外包现状

美国制造业使用第三方物流非常普遍，美国东北大学商业管理学院的供应链管理专家Lieb教授与合作伙伴从1991年对美国500强制造企业进行物流外包的跟踪调查。调查主要围绕500强制造企业物流外包的程度及具体服务项目、物流外包对成本、服务水平、顾客满意度的影响程度等。

图 3-3 显示了从 1991 年到 2004 年 Lieb 教授及其合作伙伴的调查结果①（Lieb 和 Randall，1996；1999；Lieb 和 Miller，2000；Lieb 和 Kendrick，2002；Lieb 和 Bentz，2004；2005）。从图 3-3 可以看出，美国 500 强制造企业使用第三方物流的比例呈上升趋势，并且上升幅度很大，1991 年第一次调查时，只有 37% 的企业使用 3PL，到了 2003 年和 2004 年使用第三方物流的企业比例分别高达 83% 和 80%。

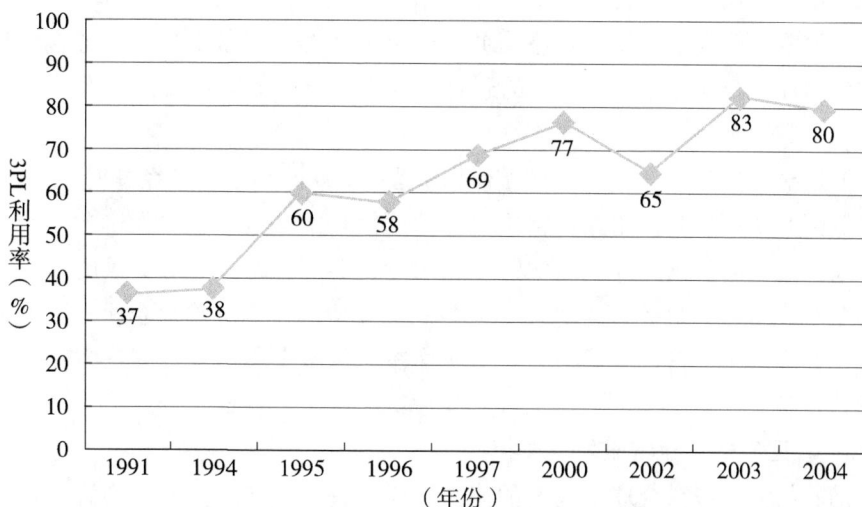

图 3-3   美国 500 强制造企业使用 3PL 的比例

2004 年的调查显示，在 1991 年和 1994 年使用第三方物流企业的比例较低（分别为 37% 和 38%），但连续使用第三方物流超过 3 年的比例却高达70% 和 79%，说明此时第三方物流的使用主要集中在少数企业身上，并且这些企业充分体会到了物流外包的好处，因此一直连续使用其来完成物流活动。调查中还显示，随着合作时间的延续，有 42% 的第三方物流企业用户认为第三方物流企业为他们带来的价值也会不断增加；有 46% 的用户认为第三方物流企业所带来的价值会保持不变。也就是说，有高达 88% 的用户认为随着合作时间的延续，第三方物流企业带给自己的价值是不容置疑的。

---

① 1992—1993 年没有调查，1998—1999 年和 2001 年无法收集到资料。虽然资料并不完整，但并不影响总体趋势。

为了进一步明确3PL的发展趋势，研究者还对未来使用情况从两方面进行了调查：一是从用户平均支付给第三方物流企业的经费占公司全年物流总费用的比例来看逐年上升，2001年19%，2002年24%，2003年33%，2004年40%；二是对未来计划使用第三方物流的情况进行调查，5年来的数据显示，都有超过50%的用户要稳步或适度增加使用3PL的比例。

历年的调查显示，美国制造业外包的物流服务非常广泛，不但包括运输、仓储管理、货代集运等传统业务，还包括货物追踪、流通加工、逆向物流管理等增值业务。其中，每年有超过40%以上的顾客选择基本物流业务，而且用户认为在签合同时，考虑最多的还是服务方面，接下来依次是成本、IT和服务的可靠性。

通过对Lieb教授及其伙伴的调研结果进行分析，可以看到经过15年的发展，美国500强制造企业外包物流业务的比例翻了一番多，并且这个比例还会不断上涨。但从物流外包的实际效果来看，第三方物流企业提供的物流服务却令相当部分顾客不满。美国500强制造业使用第三方物流企业的发展过程很有典型意义，它代表了物流外包战略在全球的发展历程和第三方物流企业运营现状。

2. 我国制造企业物流外包现状

随着物流外包在全球范围内的快速增长，我国也开始注重对物流外包的开展和研究。我国物流仓储协会与其他行业协会机构从1999年对生产制造企业、商贸企业和物流企业进行物流供需状况的跟踪调查。调查主要集中于流入物流和流出物流两方面，以下选取2000—2005年的调查结果①，如表3-3和表3-4所示。

表3-3　　　　　中国制造企业原材料物流执行主体的比例　　　　单位:%

执行主体 ＼ 年份	2000	2001	2003	2004	2005
供应商	46	71	53	50	56
制造商	36	8	25	31	25
3PLs	18	21	22	19	19

---

① 2002年没有进行调查。

表3－4	中国制造企业成品物流执行主体的比例				单位:%
年份 执行主体	2000	2001	2003	2004	2005
制造商	24.1	43	39	27	16
部分外包	59.8	36	44	55	53
3PLs	16.1	21	17	18	31

表3－3显示我国制造企业目前原材料物流的执行主体主要是供应商,近几年来一直保持在50%左右,2001年甚至高达71%,而使用第三方物流的比例很低,5年一直保持在20%左右。相比较而言,我国制造业成品使用第三方物流的比例较高(见表3－5),与美国制造业使用比例相差不大。但制造业将成品物流完全外包给第三方物流的比例并不高,更多情况下是部分自营,部分外包。

表3－5	我国制造企业成品使用3PL的比例				单位:%
年份	2000	2001	2003	2004	2005
3PL使用率(%)	75.9	57	71	73	84

调查中还显示,我国大多数制造企业更希望将物流完全外包,但由于目前在与第三方物流合作的过程中,发现了种种问题,导致他们对第三方物流的不满,如2004年分别有17%和58%的用户对第三方物流不满意和不完全满意,不满意的原因有多种,因此无法实现物流外包的愿望。虽然目前在使用第三方物流时还存在种种不满,但由于第三方物流这种模式本身的优点和我国第三方物流市场的不断发展,我国还是有相当高比例的制造企业计划在未来继续使用。2009年我国工商企业物流外包比例主要集中在50%～80%和80%以上,比例分别为29.8%和41.1%;外包比例在50%以下的为29.1%,较2008年下降了3.9个百分点。

通过对美国和我国制造业物流外包的比较分析,发现虽然我国第三方物流的发展起步晚于美国,但我国制造业使用第三方物流的比例随时间的推移在不断增长,并且还会继续上涨。美国制造业非常发达,而我国作为全球制造业中心,我国制造业物流外包的发展状况基本可以反映全球的趋势,即全球的制造业使用第三方物流的比例会越来越高。但两国的调查都表明，相当多的制造企业对目前第三方物流提供的物流服务并不满意，这要求第三方物流企业必须从制造企业的物流服务需求出发，选择与顾客的战略和运作模式相适应的物流模式，并随其调整而进行改进。

3. 我国制造业物流外包特点

通过以上对我国制造企业物流服务需求和外包市场需求现状的分析，同时结合我国专家学者的研究和调查，物流外包的发展不仅反映在外包的比例上，同时也反映在外包的内容、运用物流服务商的类型、数量以及职能等各个方面。综合来看，我国的物流业务外包存在以下特点。

（1）我国物流市场的不完善，导致企业物流外包的意识薄弱、外包程度较低。因此，当前物流外包所产生的效益更多地反映在直接经济利益上，即物流固定资产投资减少所产生的经济效益；综合物流业务外包所产生的供应链绩效方面，如综合物流成本降低和管理改善等，表现得并不明显。

（2）我国物流外包需求市场潜力巨大、增长较快，第三方物流企业有较大发展空间。制造企业自营物流的比例偏高，导致物流业务外包的有效需求还不足。大多数制造企业物流需求量处于增长状态，即时性的服务需求也将增多。

（3）目前我国企业外包的物流业务大多数是些基础性物流活动，一些高增值作业活动外包较少。服务需求仍集中在传统仓储、运输等基本服务上。制造企业的物流外包主要集中在干线运输，其次是市内配送。然而物流系统设计和信息管理正在成为重要的外包业务，这一点正是今后专业物流服务商向高增值物流服务转化的突破口。

（4）在目前的发展阶段，企业在物流外包的过程中会选择多个物流服务商，并且这种状况将维持较长的时间。原因：一是运用多个物流服务供应商能够降低运用单一物流服务供应商可能产生的风险；二是单一的物流服务供应商可能难以提供多功能、地理上广覆盖的物流要求。此外，我国目前的物流服务供应商较为多元化，这也说明很多经济主体都将物流服务作为自身的核心能力。

3.1.2 制造企业物流外包存在的问题

物流业务外包之所以在 20 世纪 90 年代末引起了高度关注，一个重要的原因是在经济发展过程中，我国企业面临巨大的物流成本压力。如果企业不能对物流活动进行合理、有效的组织和管理，就很难实现企业的经营目标，构建优势的竞争力。而物流业务外包，特别是与第三方物流企业形成长期稳定的合作关系，是降低物流成本、提升企业核心竞争力的重要手段。

我国的物流业正处于发展阶段，很多服务还不能达到供应链集成的程度，并且社会整体物流外包供给不足。在物流服务市场尚未健全的情况下，不可能在短期内帮助物流需求企业优化物流系统、改善管理，因此物流外包所能实现的绩效更多地表现在外包所产生的直接效益上，而非间接效益。我国制造企业物流业务发展中存在的问题可归纳如下。

1. 部分制造企业对物流外包认识不到位

我国制造企业应集中精力于核心业务，专注于核心竞争能力的发展，将企业辅助性的非核心业务外包出去。在资源有限的情况下，企业应积极利用外部资源，这样既能提高制造企业的效率，同时也有利于物流业的发展。制造企业将物流业务外包给专业的物流服务供应商，能够把有限资源放在自己的核心业务上，进而提升供应链管理水平。

2. 物流业发展滞后制约了制造企业物流外包开展

我国制造企业大多以国有经济为主导，规模大且受传统计划经济影响。而物流业的构成以民营经济为主，规模还相对较小，双方难以提升到同一层面进行合作。同时，我国的运输、仓储、信息、配送等功能未按照现代物流的规律和要求进行组织和管理，主体数量过多，规模过小，内在质量和运作水平亟待提高。物流服务业的滞后发展不能满足制造业对物流服务的需求，无法给制造业的发展和产业结构的升级提供优质的服务和强有力的支撑。

3. 存在供需双方利益分配的矛盾

在物流外包中，供需双方的利益分配是外包成败的决定因素，利益的分配最终通过外包模式的契约体现。制造企业将物流业务委托给物流企业，双方之间构成了委托—代理关系。制造企业是委托人，物流企业是代理人，委托人采用激励契约以诱使代理人按照委托人的意愿行事。由于契约的不完全性，物流企业与制造企业之间应就其产生的"剩余"问题制订一个合理的分配方案和激励方案，使得双方可以利益共享、风险共担，同时对于合作情况下超出非合作情况下的这一正"剩余"应当予以合理分配，使得双方均可受益。

通过以上对制造企业物流外包现状及存在的问题分析可以看到，一方面制造企业物流外包意识相对薄弱；另一方面物流企业不能满足制造企业的物流服务需求，对制造企业的物流服务需求特点认识不足。本文立足制造企业，对物流外包机理、实现条件、物流外包模式及利益分配方法进行研究，进而指导制造企业物流外包的开展。

3.2 制造业分类及制造企业物流活动

对制造业的研究必须追溯到产业的发展历史，产业的分类是研究产业发展的基础。较有影响的产业分类方法有两种，包括两大部类分类法和三次产业分类法。马克思的两大部类分类法从实物形态上把社会总产品分为第 I 部类的生产资料生产和第 II 部类的消费资料生产。费希尔在 1935 年提出三次产业分类法，他将经济活动中直接从自然界获取产品的物资生产部门划为第一产业（Primary Industry）；加工取自自然界的物资生产部门属于第二产业（Secondary Industry）；从第一和第二产业生产活动中衍生出来的非物资生产部门属于第三产业（Tertiary Industry）。

3.2.1 制造业的分类

制造业是对采掘工业和农业所生产的原材料进行加工或再加工，以及对零部件进行装配的工业的总称，是以经过人类劳动生产的产品作为劳动对象的工业。制造业的分类一般有三种分类方法，具体如下。

1. 按制造业的性质划分

制造业按性质分为直接对采掘工业的产品进行加工的原材料工业和直接对原材料工业、农业以及经过初步加工的采掘业的产品再进行加工的加工工业两大类。

其中原材料工业包括冶金工业中的冶炼业、炼油工业、水泥工业及一部分化学工业等；加工工业包括机械加工业、电子工业、食品工业、服装工业、家具工业等。

2. 按劳动、资金、技术和知识四要素分类

按劳动、资金、技术和知识四要素的相对重要性进行分类，目前制造业大致可分为资源密集型、劳动密集型、资金密集型、技术密集型和知识密集型五个层次。

资源密集型企业是直接将资源或者对资源进行粗加工后作为产品。如石油石化加工企业就是资源密集型现代制造企业。

劳动密集型企业是由普通的设备和流水线加上简单劳动所构成，以生产一般零部件和简单的产品组装为主。如我国服装、玩具出口的制造企业是劳动密集型现代制造企业。

资金密集型企业利用了高度自动化、复杂昂贵设备和简单劳动，以生产大批量的关键零部件或进行大批量的复杂产品组装为主。如汽车制造厂是资金密集型现代制造企业。

技术密集型企业是以制造和装配精密产品为主，由技术工人和精密仪器等工具构成。如高精度机床的装配生产现代制造企业。

知识密集型企业以开发设计复杂产品和控制软件为主，由创新型设计人员和信息技术及精密仪器等工具构成。

3. 按技术含量和水平划分

按照产品研究开发密集度的高低和产品的技术含量，制造业可分为高技术企业、中高技术企业、中低技术企业和低技术企业四类。

高技术产业可视为知识密集型企业。随着创新产品和技术研发对社会经济发展的贡献不断加大，各企业的技术含量在不断增加，现代制造企业资助研究与开发的资金比例在增大，并通过探索技术及管理方法有效解决问题。

3.2.2 制造企业物流系统

现代制造企业是一个由人、财、物、能源和信息所构成的复杂系统。资源是系统的输入，有形的产品和无形的服务则是系统的输出。系统的转化过程就是企业通过产品研发、生产制造、管理和商务等活动，将产品及服务一起输送到市场的过程。这些活动都服从于企业的战略目标，具有目的性、一致性、有序性和动态性。现代制造企业的基本活动可分为产品研发活动、生产制造活动、企业管理活动、企业商务活动四个部分。

文章主要按制造业的性质进行划分，即将制造业分为两大类，在此分类的基础上对制造企业的物流系统进行研究。

1. 企业物流概念

国家标准《物流术语》（GB/T 18354—2006）中物流是指物品从供应地向接收地的实体流动过程。根据实际需要，将运输、储存装卸、搬运、包装、流通加工、配送、信息处理等基本功能实施有机结合。物流管理的目的是对物流系统进行规划、管理、控制；选择最优的物流方案；寻求降低物流费用、提高物流效益的途径等。供应链是从采购供应角度对物品实体流动的有效管理，与物流相结合形成供应链物流，如图 3-4 所示。

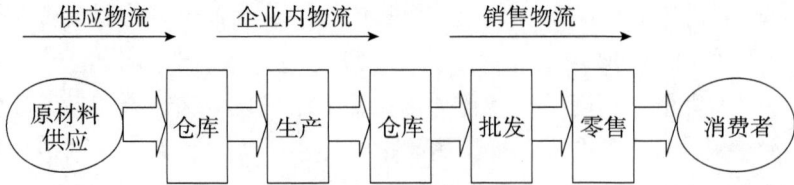

图 3-4　供应链物流

供应链物流系统是一个将从制造商到零售商所有供应链上的关联企业作为一个整体看待的系统结构，形成虚拟企业。其特征是从原材料、零部件的供应企业到生产企业、批发企业、零售企业（最终顾客），即将生产、流通和消费的全过程的物流活动作为控制对象，通过信息共享来达到生产流通全过程的物流合理化。

企业物流系统是指在一定的时间和空间里，由若干相互作用、相互依赖和制约的动态要素所构成的具有运输、储存、包装、装卸搬运、流通加工、信息等功能的有机整体。为满足企业生产与销售活动的需要，企业物流系统必须由一定的人员、设施、材料、资金、能源、信息等要素构成各种具有特定功能的企业物流子系统，并通过这些子系统的相互配合形成系统的整体功能。企业物流系统的组成如图 3-5 所示。

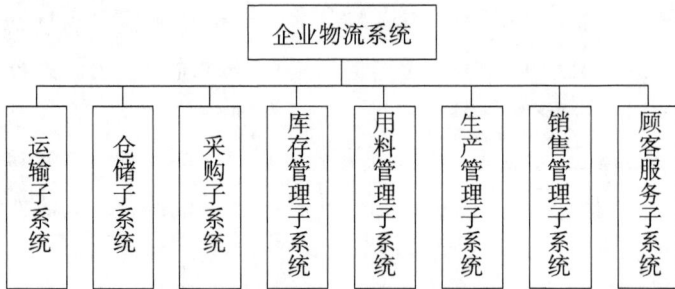

图 3-5　企业物流系统的组成

同时，企业物流系统是一个复杂的系统，从物流的环节分析，它包括物料运输、储存、装卸搬运和包装等物流环节；从物流的功能分析，它包括供应物流、生产物流、销售物流和回收物流；从物流的层次分析，它包括作业层、控制层和管理层三个层次。图 3-6 分别从物流的环节、功能和层次三个方面描述了企业物流系统。

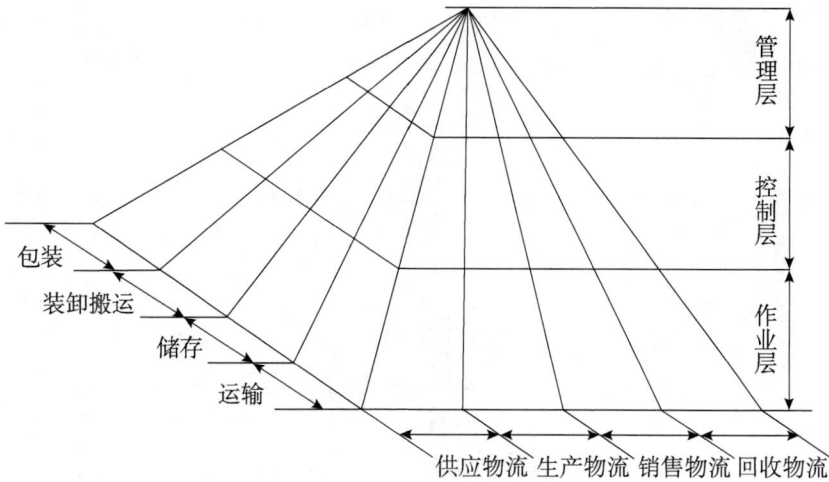

图3-6 企业物流系统结构

发达国家企业物流管理经历了五个发展阶段，对物流各项功能活动的管理由过去的分散功能管理向系统化、网络化方向转变，物流管理领域和物流系统整合范围不断扩大，并逐渐形成了供应链物流管理阶段。我国企业的物流模式也发生了深刻变化。首先，从传统企业物流强调的物流功能的集合转变为现代企业物流强调物流功能之间的协同。其次，现代企业物流系统需要网络化的资源配置。因此，企业物流概念已从当初的物料流动扩展到现在的包括原材料的采购、产品的生产和销售等全过程。

2. 制造企业物流系统

制造企业物流过程是从原材料进厂开始，经过在制品的中间过程存储，到最后产品出厂交给用户的过程。在此过程中，制造企业物流系统先接受客户订单，经过物资需求计划（MRP）系统转化为企业的计划，并将计划下达给采购、生产、储运等部门。采购部门根据计划采购原材料并转给生产部门生产，储运部门根据计划安排仓储运输。制造企业物流系统不仅仅是针对企业产品的仓储运输，还重点针对企业的采购和生产计划。物流活动的重要性在于对生产活动的保障和支持作用，因此制造企业物流系统是一个不可分割的整体。

制造企业物流主要由四个阶段构成，即供应物流、生产物流、销售物流、回收和废弃物物流，其中回收及废弃物物流属于逆向物流的研究，在此不作为研究重点。在供应链的运行环境下，制造企业物流系统除了应包含供应物流子系统、生产物流子系统、销售物流子系统之外，还应包含物流信息系统。制造企业物流系统构成模型如图3-7所示。

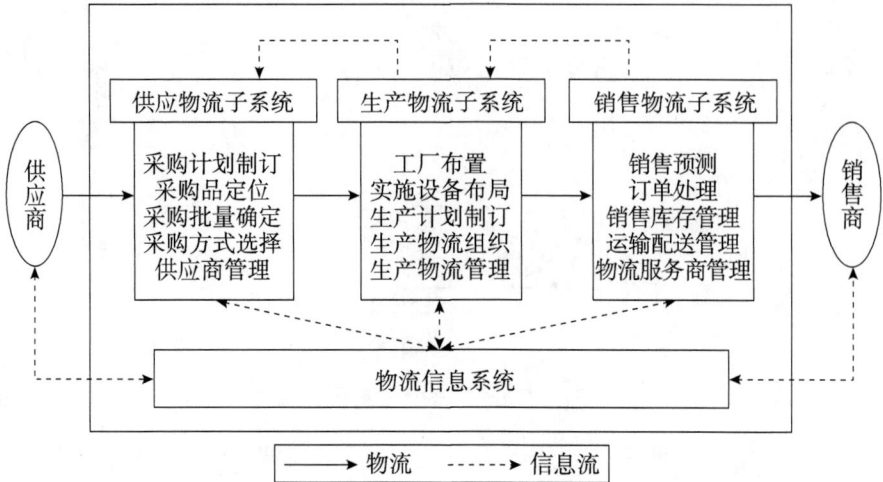

图3-7 制造企业物流系统构成模型

（1）供应物流子系统。

供应物流子系统指从原材料、零部件、燃料、辅助材料、机械设备、外协件、工具等在供应商处的订货、购买开始，通过运输等中间环节，直到生产制造企业收货入库为止的物流过程。

供应链中制造企业的采购供应是一种"按需的采购供应"，即根据市场需求、企业生产计划所要求的供应计划制订采购计划，并进行原材料采购的作业活动。这种制造订单产生于用户需求，然后由生产计划驱动采购订单，再由采购订单驱动供应商，实际上是一种供应链采购模式。柔性生产能否实现，很大程度上取决于这一采购模式能否满足柔性生产的要求。

供应物流子系统的采购活动要能够做到及时、迅速。企业在竞争中能否赢得先机，及时发现并满足需求，取决于采购活动的及时性和迅速性。因此，采购的及时性、迅速性是柔性生产得以实现的关键要素之一。

由于市场需求在不断变化，同时呈现出多样化和个性化的特征，企业在生产过程中需要根据市场变化不断调整产品的规格、品种，这就增加了采购活动的复杂性，因此要确保采购活动能够做到准确无误。同时，原材料的准时交货也是生产连续性和稳定性的重要保证，准时交货能力取决于供应商的生产与运输条件。作为供应商来说，要做到交货准时，首先应当提高生产的可靠性和稳定性，减少延迟交货或不确定情况的出现。

最终产品的质量在很大程度上取决于采购原材料的质量。因此，为了保障企业生产经营的顺利进行和最终产品的质量，采购原材料的质量必须从根源上予以保证。为此，要抓好采购环节中对质量的管理，不仅在进货验收上要做好对质量的检测，还要把供应商管理纳入到企业的生产制造过程，并参与供应商的产品设计，确保采购原材料的质量符合要求。

制造企业在满足个性化、多样化客户需求的情况下，面临的另一个问题就是努力降低成本。采购成本的高低直接关系到最终产品或服务的价格。因此，为了在当今越来越激烈的市场竞争环境中得以生存并持续发展，采购部门及其采购人员最重要的一项工作是力争最低的采购价格。

（2）生产物流子系统分析。

生产物流是制造企业所特有的物流过程，也是它与其他类型企业物流需求相区别的主要过程。生产物流与生产工艺流程同步。原材料、半成品等按照工艺流程在各个加工点之间不停顿地移动、流转形成了生产物流。如果生产物流中断，生产过程也将随之停顿。生产物流合理化对工厂的生产秩序、生产成本有很大影响。生产物流的均衡稳定，可以保证在制品的顺畅流转和设备负荷均衡，进而压缩在制品库存，缩短生产周期。

生产物流与生产过程的伴生性决定了制造企业生产物流子系统具有下列特性。

特性一：生产物流是生产过程的一个组成部分。物流过程和生产过程几乎是密不可分的，它们之间的关系有许多种，有的是在物流生产过程中为实现生产工艺所要求的加工和制造；有的是在加工过程中同时完成物流；有的是对不同加工制造环节进行连接。

特性二：生产物流是专业性很强的"定制"物流。面对的是特定的物流需求，而不是面对社会上的普遍的物流需求。因此，生产物流具有专门的适应性而不是普遍实用性，可以通过"定制"，取得较高的效率并进行专业化运作。

特性三：生产物流是小规模的精益物流。由于生产物流只面对特定对象，因此，物流规模取决于生产企业的规模。由于规模有限，并且在一定时间内规模固定不变，这就可以实行准确、精密的策划，运用资源管理系统等有效手段，使生产过程中的物流"无缝衔接"，实现物流的精益化。同时生产物流又具备"成本中心"的作用。在生产中，物流对资源的占用和消耗，是生产成本的一个重要组成部分。

生产物流的特点需要生产物流子系统具有较强的适应能力,其各要素和各个环节应具备随市场要求的变化而迅速更新、重新组合的适应能力,达到"以变应变",这个能力的大小直接影响企业从市场获取物料的经济性和企业向市场提供适当产品的及时性。生产物流子系统还应具有较强的缓冲能力。随着生产线上各品种的生产变化,生产物流子系统中各要素和各环节应具备吸收或减弱市场需求变化对系统影响的缓冲能力,从而既保证生产物流子系统随市场变化而迅速改变输入和输出,又保证生产物流子系统的连续性、均衡性和稳定性。

(3)销售物流子系统。

销售物流子系统是指企业为保证自身的经营利益,伴随着销售活动,不断地将产品所有权即物品实体转给客户的物流活动过程。销售物流是对包装、储存、运输、配送等诸环节的统一,是企业的第三利润源泉,具有很强的服务性,也是连接生产企业和客户的桥梁。销售物流对企业生产的影响十分重要,有效的销售物流能为生产计划的制订提供依据,并能提供高质量的运输配送服务。同时,销售物流与客户直接接触,也是提高客户满意度、提升企业市场形象的不可或缺的重要领域。销售物流已成为企业有效组织生产的重要基础。

销售物流子系统应具有准确的销售预测能力,只有及时、准确地掌握市场需求和客户订单信息,企业才能及时组织生产。市场需求和客户订单信息是企业生产有效实施的基础。这就要求销售物流子系统应具备需求预测功能,以便根据预测的结果来制订生产计划和采购计划;销售物流子系统应具有较强的订单处理能力,缩短订货周期,提高供货的准确率,确保优质的客户服务,提升企业快速响应市场需求的能力;销售物流子系统应具有及时快速的运输配送能力,如果销售物流子系统不能做到及时快速,企业也就不能及时、准确地将产品送到客户手中,柔性生产"快速响应市场需求"的优势就不能实现;销售物流子系统应具有较强的市场经营能力,销售物流子系统不能仅仅停留在完成销售上,而应当将销售物流视为一种市场经营行为,要通过销售物流子系统改善管理、提高服务质量、降低价格、留住老客户、吸引新客户、创造更多的市场需求、提高企业产品的市场份额和企业的竞争力。

3.2.3 制造企业物流需求特征

制造企业物流运作需要经营理念、组织结构、业务流程的全方位转变,涉及供应链上的每个节点企业。其成功取决于三大关键能力,即需求捕获能力、生产柔性能力和物流能力,三大关键能力分别对应三大支撑系统,即客户需求信息收集和处理系统、生产制造系统和物流管理系统,如图 3 - 8 所示。

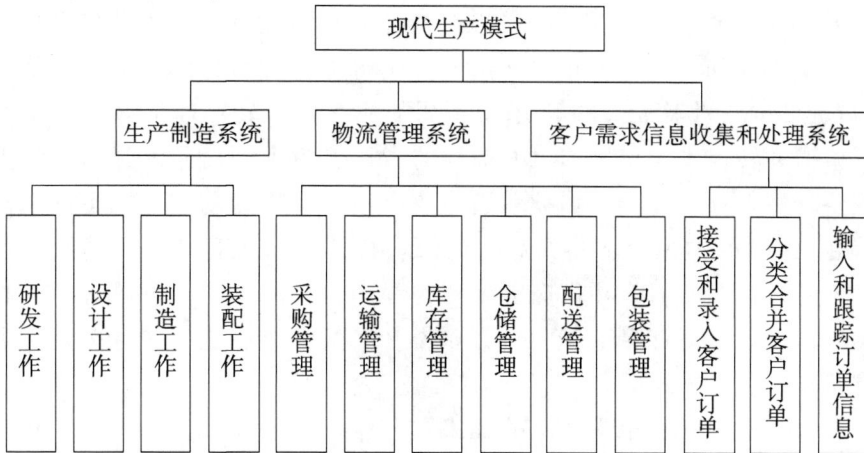

图3-8 现代生产模式的三大支撑系统

客户需求信息收集和处理系统是对需求信息进行收集和处理,是以客户导向为中心的关键环节,也是其他两个系统运作的重要依据;生产制造系统包括研发、设计、制造和装配工作,其功能是提供具体的产品,是生产满足客户的基本体现;物流管理系统包括从原材料的采购直至产品流到消费者之间的各个环节,如采购管理、运输管理、库存管理、仓储管理、配送管理和包装管理,其功能是保证产品生命周期内输送通路的流畅,是实现生产的重要保障。

1. 客户订单分离点 CODP

现代制造业的生产围绕供应链客户需求,为满足客户需求的多样化和个性化,采取了定制生产的策略和方式。定制生产的基本思想是将定制产品的生产问题,通过产品结构和制造过程的重组全部或部分转化为批量生产。对客户而言,所得到的产品是定制的,具有个性化的特征;对供应链上的企业而言,该产品是尽量采用大批量生产方式制造的产品。生产过程中定制点位置如图3-9所示。

图3-9 生产过程中的定制点位置

Pine（1993）提出实现定制生产有 5 种方法：围绕标准化的产品或服务来定制服务、创建可定制的产品或服务、提供交货点定制、提供整个价值链的快速响应和构建模块化以定制最终产品或服务，其中模块化定制是实现定制的最好方法，它可以使定制最大化，同时实现成本最小化。因此，将大规模和定制两种思想结合，其结合点被称为客户订单分离点 CODP（Customer Order Decoupling Point，或称顾客订单分离点）。CODP 是指企业生产活动中由基于预测的库存生产转向响应客户需求的定制生产的转换点。由于 CODP 前后的指导思想不同，导致其运作特点和战略目标都存在差异，由此也造成支撑生产运作的物流存在不同的需求特性。CODP 的位置不同，对物流需求特性和物流管理产生的影响也有所不同。按照 CODP 在供应链生产过程中位置的不同，可以进一步将定制生产分成以下四种类型：按订单设计、按订单制造、按订单装配和按订单销售。

不同的制造企业可以根据客户需求和自身特点使 CODP 在供应链上的位置调整，但定制切入越早，客户对定制的要求越高，实现定制的难度也越大（樊树海等，2002），后续生产制造和物流工作也更复杂。Lampel 和 Mintaberg（1996）根据客户参与程度提出了大规模定制的五个层次，即完全标准化（从设计一直到分销所有环节都采用大规模生产）、细分标准化（从设计到装配都采用大规模生产，只有分销采用定制）、定制标准化（从设计到制造零部件采用大规模生产，而从装配到分销采用定制）、定制的定制化（只有设计环节采用大规模生产，而从零部件生产直到分销都采用定制）和完全定制化（从设计一直到分销所有环节都定制）。

通过研究发现，将 CODP 确定在装配环节被认为是运用得最多、实现供应链生产的最好选择，也是当前生产制造发展的趋势。因此，本文假设 CODP 在装配环节，即供应链上从原材料的采购到零件的制造再到部件的组装，都采用大规模生产，而在装配阶段则根据客户订单的准确信息进行模块的组装，直至完成个性化的产成品，然后交付给客户。

2. CODP 前后的物流需求特征

由于指导思想不同，CODP 前后的生产运作特点截然不同，如表 3 - 6 所示。

表 3 – 6　　　　　　　企业 **CODP** 前后阶段生产运作的特点

	要素	CODP 前	CODP 后
生产运作特点	指导思想	大规模生产	定制生产
	驱动要素	预测	订单
	战略目标	低可变成本和低价格	快速响应和定制化
	焦点	生产或操作的效率	整个过程的效率
	生产方式	流水线	柔性制造、计算机集成制造
	控制要素	成本	时间

CODP 之前，采用的是预测推动的大规模生产方式，供应链上的每个节点企业根据历史数据、下游企业的预测和市场变化来预测客户需求，根据预测的结果购买原材料，组织生产。采用看板驱动方式后，就不再是简单的推动生产，上游的年度计划和月度计划同样采用原来的方式预测，但周计划却根据下游的看板制订，因此变成了一个推动计划、拉动执行的大规模生产过程，再通过专用的机器、严格的劳动分工和流水线进行大规模生产，并将生产的产品销售给下游。在此阶段，供应链以生产效率为中心，通过规模经济实现这个阶段的目标——低成本和低价格。

CODP 之后，是客户需求拉动的差异化定制阶段，紧邻最终客户的企业在获取客户真实的个性化需求并形成订单后，逐级向上游传递。供应链上的各级企业以客户订单为行动指南，按照客户订单信息向上游订购产品，直至装配企业。装配企业据此信息向上游购买零部件，采取通用的机器、多种技能的员工和柔性制造进行定制生产，产品完成后往下游交付，直至最终消费者。在此阶段，供应链以整个过程（包括生产过程和非生产过程）的效率为中心，通过柔性制造或计算机集成制造实现快速响应和定制化的目标。

物流是为生产和销售服务的，因此 CODP 前后不同的生产运作特点决定了不同的物流需求特性。在 CODP 之前，零部件需求量大且稳定，运作的焦点是任何时刻都要保持生产过程的效率，从而使可变成本控制在最低的水平。因此，在运作过程中最重要的是稳定（Pine，1993），每一环节都流畅地运转，没有延滞、没有中断。这个"稳定"不仅包括供应链上各节点企业生产过程本身和产量的稳定，也包括原材料或零件的及时供应和价格稳定。这些决定了 CODP 前物流需求具有以下特性：零部件需求量稳定导致物流需求量稳定；供应链从上至下各级物流活动和物流价格稳定。这样物流运作可实现规范化和程序化，使物流成本控制在最低水平。

在 CODP 后，需求量随客户需求的变动而变动，随机性较大，此阶段运作的焦点是控制整个过程效率，不仅包括装配企业生产过程的效率，还包括供应链上各节点企业订单处理过程、运输过程、仓储过程、装卸搬运过程、拆包分包过程等，从而使定制化的产品能快速地交付给最终客户，抢占市场。在运作过程中，最重要的是快速，即每一环节都能快速响应和运转。这些特点决定了 CODP 后物流需求具有以下特性：物流量随机性大；物流运作可变性强；为了能抢占市场，要求物流时间尽可能控制在最短。

为实现低成本地生产定制化的产品，CODP 前后的生产运作对物流需求提出了完全不同的要求，企业 CODP 前后阶段物流需求的特点如表 3 - 7 所示。

表 3 - 7   企业 CODP 前后阶段物流需求的特点

要素	CODP 前	CODP 后
焦点	通过程序化和控制获取高效率	通过快速响应和高柔性实现高效益
物流量	稳定性强	随机性大
物流运作	刚性强	柔性强
要求	低物流成本	快速响应和物流系统柔性
战略目标	最小化物流成本	最小化物流时间、最大化物流柔性

3.2.4 制造企业供应链结构及类型

供应链的概念起源于迈克尔·波特在 1980 年发表的《竞争优势》一书中的"价值链"。其后，"供应链"的基本思想和相关理论在美国迅速发展。国内外许多学者从不同角度给出了不同的定义，如表 3 - 8 所示。

表 3 - 8   供应链的几种定义

Robert J, Vokurka. (1998)	供应链是执行采购原材料，将它们转换为中间产品和成品，并且将产品销售到最终客户的功能网络
Handfield R B. NicholsE. L. Jr（1999）	供应链包括所有与从原材料到最终客户的物料流动和转化相关的活动，以及相关信息流。供应链管理就是通过改善供应链合作关系来对这些活动进行集成，以达到一个可持续的竞争优势

Erenguc S. Selcuk，Slmpson N. C，Vakharla Asoo J.（1999）	供应链是一个网络，主要分为三个不同的阶段，第一阶段供应链网络是由 M 个向制造商提供产品和服务的供应商所组成；第二阶段是由 N 个制造产品和服务的制造商所组成；第三阶段和最后一阶段是由 K 个分销商所组成的分销网络，这阶段产生对产品和服务的需求
马士华等（2000）	供应链是围绕核心企业，通过对信息流、物流、资金流的控制，从采购原材料开始，制成中间产品以及最终产品，最后由销售网络把产品送到消费者手中的将供应商、制造商、分销商、零售商直到最终客户连成一个整体的功能网链结构
兰博雄等（2000）	所谓供应链，就是由原材料供应商、零部件供应商、生产商、分销商、零售商、运输商等一系列企业组成的价值增值链。原材料、零部件一次通过"链"中的每个企业，逐步变换成产品，交到最终客户手中，这一系列的活动就构成了一个完整供应链（从供应商的供应到客户的链环）的全部活动

从以上定义可以看出，供应链是以围绕商品从需求至供应各环节中实体活动及其相互关系所构成动态变化的网络。供应链主要包括原材料与半成品及零部件的采购、组装、制造、配送、分销、零售等环节。一般而言，供应链管理涉及制造问题和物流问题两个方面。

供应链是由围绕核心企业的供应商、供应商的供应商以及客户、客户的客户组成的网链结构。对于供应链分类的研究，国内的专家和学者没有统一的研究结论，往往依据不同的分类标准把供应链分为不同的类型，主要有以下几种分类方式。

1. 以特征标准分类

根据供应链产品的功效及产品生命周期需求稳定程度，可以分为功能型产品供应链和创新型产品供应链。

根据供应链上核心企业的性质，可以分成三种供应链驱动模式，即供应商驱动模式、制造商驱动模式和销售商驱动模式。

根据供应链总体供给和需求之间的关系，可以分为推动式供应链和拉动式供应链两种。

根据产品的用途和使用主体，可以分为消费品供应链和生产物品供应链。

根据地域分布范围分为公司内部供应链、集团供应链、扩展的供应链、全球网络供应链等。

2. 以性能标准分类

根据供应链的稳定性可以分为稳定的供应链和动态的供应链。稳定的供应链满足相对稳定的、单一的市场需求，而动态的供应链满足相对频繁变化、复杂的需求。

根据供应链容量与市场的需求对比可分为平衡的供应链和倾斜的供应链。当供应链容量能满足市场的需求时是比较平衡的状态，否则是倾斜状态。

3. 以节点企业间的关系分类

根据参与供应链的节点企业的数量和企业之间的合作关系的复杂程度，可分为链式结构和网状结构。链式结构中，各节点企业通过与上下游企业的联系参与到供应链，结构比较单一。网状结构是制造企业供应链常见的结构，主要的网状结构有 T 型、V 型、A 型。

在以上对供应链的分类中，主要从产品本身特点出发，而制造企业产品涉及范围广、特点多样，因此任何一种分类都不能完全描述其特点，本章从产业的角度对制造企业的供应链进行分类研究。

3.3　本章小结

物流需求总体规模与经济发展存在高度正相关关系，通过对我国国内生产总值和工业增加值的趋势分析，可以反映我国物流需求总体规模的发展变化趋势。通过对物流需求企业的物流外包现状及存在的问题进行分析可知，一方面制造企业物流外包意识相对薄弱；另一方面物流企业不能满足制造企业的物流服务需求，对制造企业的物流服务需求特点认识不足。

4 物流外包决策及合作伙伴的选择

4.1 物流外包决策研究进展

根据外包评价的方法和侧重点不同，可以把外包评价分为定性评价和定量评价两方面。

4.1.1 物流外包定性决策研究

Venkatesen（1992）从定性角度提出了企业业务外包决策模型，应用决策变量"是不是核心业务"来进行外包决策，这个模型属于一维判断模型。该模型清晰明了地指出了业务外包的评价思想，即对于核心业务要进行内部制造，非核心业务则采用外包形式，但是模型没有给出如何划分核心业务和非核心业务。

Quinn 和 Hilmer（1994）从业务控制角度按照潜在竞争优势和战略脆弱性两个指标将企业外包对象分为三类。当业务的竞争优势和战略脆弱性这两个指标值均为高时，这样的业务应该采取战略控制策略，具体决策为内部制造；当这两个指标值为中时，对业务的控制要处于中等水平，所采取的策略应该是合作；当两个指标值为低时，企业应该对这样的业务进行低水平控制，相应的策略是把这样的业务外包。该模型相比 Venkatesen 的模型有了进一步细化，但是企业从业务的竞争优势和战略脆弱性两个维度，分别从高、中、低进行排列，应该有九种情况，而不是三种，相应的策略也应该是九种。

Vining 和 Globerman（1999）提出了基于交易成本理论的业务外包定性决策模型，论述了从业务的复杂性、竞争性和资产专用性三个方面降低外包管理成本。Arnold（2000）以核心能力理论和交易成本理论为基础建立了一个外包决策模型，将企业活动划分为企业核心业务（与企业生存密切相关的所有活动）、与核心业务密切相关的业务、支持性业务和市场化业务四种业务，认为企业应该保留核心竞争力的业务，而把非核心竞争力的业务外包，这一决策模型对核心业务和非核心业务中间的灰色地带进行了划分和阐述。

朱迎春根据企业物流要素能力和运作能力的高低不同，将生产企业划分为四种类型，分别针对四种类型企业的特点制订外包决策。李兰冰（2005）探讨了生产制造企业利用物流外包服务的利益驱动因素和物流外包决策中应该考虑的风险因素。周涛和乔忠等（2008）从信息博弈的角度分析了生产企业的物流外包决策。沈贞（2009）探讨了影响制造企业物流外包决策的关键因素，认为企业外包决策要考虑可行性标准、可接受性标准和可靠性标准。

综上所述，上述决策模型从定性的角度明确了企业外包的物流业务特性，但是这种研究应建立在完善的物流业务研究体系基础之上，同时针对制造企业的物流外包评价指标应该更加明确和具有针对性。因此，对于这些特性的深入研究是定性化模型具有实践意义的关键所在。

4.1.2　物流外包定量决策研究

外包定量化评价首先在信息系统方面有所应用。Ngwenyama 和 Bryson（1999）基于交易成本理论、运用数学建模等方法，针对信息系统外包给单个外包商和多个外包商的决策问题，提出了外包决策的定量化模型。该模型为外包过程中分析管理成本和交易成本提供了一种定量化模型。由于该模型简单明了，对企业的外包实践具有参考价值。但是将定量化方法拓展到物流业务外包领域还需要进一步的实践研究。同时企业外包不单是为了降低成本，还有增强核心能力和竞争优势等原因，该模型对此因素都没有考虑。

樊治平在 Ngwenyama 和 Bryson 研究的基础上，运用对策分析方法研究了关于企业和单个外包商之间信息技术外包的决策问题，但是只讨论了基于双赢策略的对策分析。

张文杰等（2003）引入效用遗传性的观点，对存在效用遗传性的企业物流业务的横向联合外包决策进行定量推导和分析，得出企业选择外包的对象标准。王宇和乐美龙（2005）运用运筹学的方法，对物流业务外包决策过程中的 BP 网络应用进行研究，给出了物流系统评价指标体系，建立了 BP 网络模型。张旭辉（2007）指出在物流外包过程中，第三方物流服务提供商的资产能力、管理水平与努力水平三因素均为非对称信息。在此基础上，建立第三方物流服务需求方与提供商之间的合作博弈模型。李电生和刘凯等（2005）应用熵和 AHP 方法确定了物流外包评价各指标的权重，应用 TOPSIS 方法对各物流服务商进行评价。刘建香（2007）研究了物流外包方与物流服务提供方之间的委托代理问题，建立了相应的道德风险和逆向选择模型。

以上文献中的定量方法更多是从对第三方物流企业评价的基础上进行研究。

4.2 物流外包模式研究进展

关于物流外包模式应用的研究，主要集中在物流外包模式和模式的内部关系两个方面。

关于外包模式，很多学者最初针对 IT 业务外包进行了大量研究，如 Lacity（1996）和 Eearl（1996）基于 IT 业务外包的范围大小提出了完全外包、全部内制和选择性外包三种外包模式。Willcocks（1996）按照外包合同的时间长短，提出长期外包、中期外包和短期外包三种模式。Olsen 和 Ellram（1997）按战略性、瓶颈、调节、分类，认为只有非关键部件可以进行业务外包。Klepprt（1999）基于市场提出了市场关系模式、中间关系模式和伙伴关系模式三种外包模式，并阐述了外包模式要依据交易成本理论中的资产专用性、不确定性及延续合约三个因素来选择。

马士华（2000）从战略合作角度谈到企业关系模式演进要经过传统的关系模式、物流关系模式和合作伙伴关系模式三个发展阶段。杨篾和赵一飞（2008）指出物流外包联盟主要有纵向模式、横向模式、混合模式和动态模式。制造企业如果考虑到利用第三方公司拥有的物流战略性资产，可以选择使用纵向联盟。杨达（2008）提出物流外包有管理外包、功能外包和一体化外包三种模式。管理外包是指企业保留关键的物流设施设备，引入管理型的第三方物流企业，帮助企业改善物流运作质量；功能外包是指管理能力较高的企业通过高效地协调和整合达到投入最少而收效最多的目的；一体化外包是指企业将自己的非核心业务交给专业的第三方物流企业运行，同时对外包实施和外包后的物流运作进行监控。孙志刚（2008）指出典型的物流外包模式包括完全外包、部分外包和战略联盟。战立秋（2009）提出制造企业物流外包联盟的组建必须满足四个条件才能够存在并稳定：一是联盟企业在经营战略、管理方式及文化等方面上要具有相容和相似性；二是合作过程中各方要保持独立性；三是联盟企业利益共享并控制特定业务的绩效；四是企业拥有技术、产品等核心资源，这些资源能为联盟持续做出贡献。

关于外包模式内部关系的研究，Kern T. 和 Willcocks L.（2000）根据外包企业和外包商之间的交流方式不同，把外包模式内部关系分为嵌入型和契约型两种。嵌入型方式主要包括组织文化适应、知识和时间投入、愿景的共享、社会和私人联系等；契约型方式主要通过规定外包企业和外包商之间的产品和服务交流、财务交流、信息交流、服务施行条款和监控来影响外包组织的协调发展。

实施外包战略运作成功与否的关键因素在于知识管理，外包成功与知识共享、组织能力、合作关系之间存在密切的关系。企业如何通过外包、联盟来发展新的能力是外包战略管理的重要角色。Janne Huiskonen 和 Timo Pirttila（2002）研究了在供应链物流外包管理中两个组织之间的横向协调关系，对物流资源外包组织之间协调关系的三个方面（非正式协调方法、正式内部协调方法和集成角色方法）的协调运行机制、协调范围、协调目标进行了分析，认为在供应链的物流管理中组织之间的横向协调可以成为提升竞争力的潜在因素。供应链管理关键是要采用集成的思想和方法，把供应链上的节点企业作为一个不可分割的整体，而不仅仅是将节点企业资源简单地连接。供应链管理应该更注重核心企业的作用，对核心企业与供应链中其他企业的协调机制还需要进一步研究。

物流外包决策需要综合考虑各方面的影响因素，同时模型中的评价指标也必须具备一定的实用性和可操作性。评价指标应该是切实可行的，是能够真实反映企业、待决策业务、市场环境等与业务外包有关的因素。

4.3 物流外包决策维度

4.3.1 企业技术能力

企业技术能力是指企业从外界获取先进的技术与信息，并结合内部的知识，创造出新的技术与信息，实现技术创新与扩散，同时又使技术与知识得到储备与积累的能力。

在该概念中，包括四层内涵：一是技术与信息的引进，包括选择、购买国内外的适用技术，实现技术转移的能力；二是对技术的学习能力；三是产生新的技术与知识，保证技术的储备与积累；四是实现技术创新，创造经济效益，包括生产与组织、市场开拓、技术扩散。概括而言，企业技术能力应有包括业潜在能力和显在能力两个方面，潜在能力是没有通过现有知识的物化或知识的交流体现出来的能力；而显在能力则是已通过物化或信息载体体现出来的能力，如生产产品的技术含量、技术水平或申请的专利、发表的论文可反映企业技术能力的显在方面。虽然对技术能力结构的提法不尽相同，但其中也有比较统一的地方，结合对资源外包的研究，技术能力的结构可从两个层次上来分析。第一层次指从较高的角度，根据企业技术能力的提高过程来考察其结构，可以分为三个组成部分，即技术监测能力、消化吸收能力、技术创新能力。第二层次是从较深的角度来分析其结构，具体可分为六个方面的能力，即技术搜索能力、选择能力、硬件引进与生产能力、仿制能力、技术局部创新能力、技术整体创新能力。第二层次的能力是第一层次能力的具体表现，第一层次的能力通过第二层次的能力得以实现。

通过以上分析，企业在生产运作中，蕴含着技术能力的资源外包主要存在于生产作业、技术开发、信息系统的管理等环节。由于企业核心业务外包会降低企业的技术能力，本文对此进一步引申，认为如果企业的技术能力较强，那么与此相关不紧密的其他能力不强的业务环节就应该外包，与此技术能力相关的环节就应该自制；相反如果技术能力弱，那么与此相关的业务环节就应该采用外包策略。因此，技术能力的维度包括：技术创新能力、技术检测能力、技术消化吸收能力。

4.3.2 市场能力因素

市场能力是用来营销产品或服务给消费者，并能够产生长期竞争优势的能力，其本质是一种控制市场、影响客户的能力。它应满足以下四个方面的要求。

（1）有价值。市场能力必须能通过开发和利用营销机会，抵御营销威胁，增加企业价值。

（2）稀缺性。市场能力必须是全部或绝大多数竞争企业不具备的营销资源或技能。

（3）不可模仿性。如果该种能力容易被竞争对手所模仿，或通过努力很容易达到，则它就不可能给企业提供持久的竞争优势。

（4）难以替代。一般产品、服务很有可能受到替代品的威胁，但市场能力应当是难于被替代的。

一个企业的市场能力具体体现在以下几方面。首先，新产品开发快。企业能够根据市场需求的变化，利用自身的技术优势，及时开发出独特、新颖、适销对路的产品，更好地满足消费者需求。其次，品牌忠诚度高。世界上一些知名企业都在消费者心目中树立了良好的品牌形象。再次，分销能力强。企业拥有其他竞争者所无法比拟的分销网络。最后，促销手段新。企业运用层出不穷的广告与促销手段，吸引消费者的目光，从而树立起产品品牌形象和企业形象，为企业带来竞争优势。

企业在生产运作中，市场能力的资源外包主要存在于营销部门、销售和客户服务部门等环节。任何市场管理行为都可以被认为是企业应对外部环境变化做出的反应。当企业有资源外包需求时，市场能力外包的直接环境因素可归结为两个：外包市场的成熟程度和主要竞争对手的外包程度。外包市场与外包需求之间是一种相互影响和促进的关系。一般来说，一个提供外包服务公司数量少、规模小的市场，由于其规模不经济，无论是服务成本还是服务质量，对企业均不具有吸引力。

对企业而言，主要竞争对手的行为也往往是判断决策"有效性"的信号和标志，因此，竞争对手市场能力的外包程度必然影响企业的外包意愿。企业资源外包是增强市场能力的手段，借助外部市场资源获得最大的竞争优势，但是并不是所有的企业均适合此方面的外包，不适当的外包战略会引起现有竞争优势的外溢，人才的流失。综上所述，市场能力可以体现为客户忠诚度、营销能力、促销能力等方面，如果企业在这几方面有明显优势，可以选择内部管理；如果在这几方面比较弱，有必要对相关业务环节采取资源外包。

4.3.3 外包市场成熟度维度

按照生命周期理论，一个市场的发展往往经历市场孕育期、市场形成期、市场发展期和市场成熟期几个发展阶段。而市场成熟度作为表现市场发展水平或者程度的指标，可以辨别市场发展的阶段。一个相对完整的市场应该包括以下组成部分：物流服务需求企业，外包服务供应商，外包对象（产品或者服务）和外部政策环境。也就是说，在一定的外部政策环境中，物流服务需求企业和外包服务供应商都应遵守相关的法律、法规、政策和行业协定，完成约定的外包交易（涉及产品或者服务）。

从物流服务需求企业的角度来看，产品或者服务是在企业内部完成的，其外部市场发展情况，也就是外包市场成熟度主要受外部政策环境和外包服务供应商两大因素的影响。外部政策环境对外包行为的产生有直接的约束力，外部政策环境在有些情况下可以直接或者间接地影响某些业务是否可以进行外包。企业产生的非核心业务外包需求要由外包服务供应商来满足，其服务数量和质量是否可以满足企业的外包需求决定于外包服务供应商的企业规模、服务商数量、服务能力、技术能力以及与上下级供应商关系。

1. 企业规模

企业规模的大小直接影响到外包成本的高低。如果外包服务供应商有较大的规模，形成一定的规模效应，而不是单一的针对特定企业的定制化生产，就可以达到降低外包成本的目的。

2. 服务商数量

在市场中的服务商数量和企业规模决定企业选择外包服务供应商的余地。如果外包服务供应商数量较多，企业可以有谈判优势，同时外包风险可以降低，并且有相应的替代者。

3. 服务能力

服务能力在一定程度上决定企业接受的外包服务质量。如果外包服务供应商有很强的服务能力，那么可以在提供外包服务的同时帮助物流服务需求企业改进工艺或者提出更加优化的解决方案，为物流服务需求企业提供"超魅力"的产品或者服务，还可以促进物流服务需求企业产品的稳定性，从而更加促使外包市场的成熟。

4. 技术能力

物流服务需求企业对外包服务供应商的要求一般是动态变化的，也就是说随着物流服务需求企业的业务发展带来生产技术、工艺、流程等方面的变化，可能要求外包服务供应商对技术能力进行创新性改变。

5. 与上下级供应商关系

与合作伙伴的关系虽然不是显性的影响因素，但是对于外包服务供应商正常业务的展开还是有或多或少、时有时无的影响。外包服务供应商不仅要与物流服务需求企业发生业务往来，可能也要与企业的其他供应商产生业务往来或者合作关系，其中一旦有不必要的障碍就会对正常的外包业务产生不利干扰。

综上所述，外包市场成熟度可以由外部政策环境、外包服务供应商构成。外部政策环境具体包括国际法律和行业规则。外包服务供应商包括服务能力、技术能力、企业规模、服务商数量、与上级供应商关系等因素。较高的外包市场成熟度往往意味着较低的外包成本、较低的外包风险和较好的外包服务。在这样的情况下企业决策者有理由相信当相应部分采用外包策略时可以取得期望的结果。

这些因素的共同影响，可以帮助判断外包市场成熟度，从而确定目前市场状况是否有利于外包项目的开展，或者找出不利于外包项目开展的主要因素。

4.3.4 技术通用性维度

外包产品或服务作为外包服务供应商和物流服务需求企业相互联系的纽带，其重要性不言而喻。可以说双方合作的一切都是围绕着外包产品或服务展开的，其自身的性质或者相关配套情况也反映了该业务是否适合外包的程度。概括地说，技术通用性就是指围绕着提供外包服务所需要的各种资源是否具有十分广泛的适用性，还是仅能适用于某项专门的作业。这个维度直接反映了外包策略选择是可以自购专业设备、自聘专业工程师还是完全可以交由外包服务供应商提供。

1. 工艺通用性

工艺通用性表示外包产品或服务在技术层面一定时间段内是否相对固定，如果外包产品或服务本身在短时间内需要反复变化，则给外包服务供应商提供优质服务带来很大的困难，这就说明外包时机还不是很成熟。

2. 技术人员通用性

技术人员通用性强意味着这些员工较容易从市场招聘或经过简单培训就能够上岗，企业可以在较短时间内组织人员开展业务，因此技术人员通用性强的业务外包风险较小。

3. 设备通用性

设备通用性的强弱影响到物流服务需求企业和外包服务供应商在设备投资方面的分摊。如果是通用性较弱或者专用的设备，一般应由物流服务需求企业采购，这样即使更换外包服务供应商也可以确保工作延续。相反，通用性强的设备一般由外包服务供应商自带，这样可以更好地发挥设备的作用，不会造成浪费。

设备通用性强意味着企业较易从市场组织到生产能力。在组织生产时，企业可以考虑不买或少买通用性高的设备而采取外委加工或设备租赁的形式，这样可减少物流服务需求企业在设备方面的投资，以降低固定成本。

4. 备件通用性

备件通用性的高低决定外包服务供应商备件库存的确定。在同等条件下，备件通用性强的外包服务对库存的要求不是非常苛刻，因为外包服务供应商总是可以在较短的时间内获得备件。如果备件能用于外包服务供应商承包的其他企业业务，则可降低外包服务供应商的备件库存资金。与之相反的情况下，外包服务供应商总要保留一定的库存应付突发情况，一旦没有备件可能会影响生产的正常进行。

5. 作业内容通用性

作业内容通用性意味着外包产品或服务是否可以分解外包，即分包给不同的外包服务供应商或者采取部分外包部分自制。这样可以丰富外包服务供应商和物流服务需求企业的对策，找到更加优化的外包服务供应商，在某些比较适应的范围内先期进行外包合作，随着双方配合的默契以及外包服务供应商能力的提高，而逐步扩大外包范围，在更多方面为物流服务需求企业提供更有竞争力的服务，实现双赢。同时，业务通用性也代表这些业务是不是同行业普遍性的业务，如果某项业务作业内容的通用性程度较高，则有利于相互借用和支持。

4.3.5　生产计划确定性维度

生产计划确定性不但是指物流服务需求企业管理水平和方式对未来产量预测的准确性和控制的可靠性，而且还要考虑产品更新换代、工艺的不断优化、订单的获得和取消等方面的工作情况，同时也要考虑整个外包市场需求波动的情况。

生产计划的不确定性将给外包带来较高的交易频率和较大的交易不确定性。从交易的频率看，基于供应链的制造商和供应商结合在长期的、重复的交易关系中，企业间交易频率高。交易频率越高就意味着交易量大、经常发生，从而产生较高的交易费用。从交易的不确定性看，交易的不稳定性、主体行为的不确定性和交易市场环境的多变性，已成为传统企业的交易风险和交易成本的关键所在。

因此，如果物流服务需求企业的未来生产计划的预期比较准确且比较长久，那么对外包服务供应商的报价是很有利的，外包服务供应商可根据生产计划来做出比较准确的成本预期，且可根据中长期的生产预测来降低成本。随着市场交易频率的减少，市场交易成本将降低。生产计划稳定性主要受不可控波动因素影响，因为不可控波动因素往往对生产计划的确定和执行带来意想不到的影响。虽然不可控波动因素发生的概率往往不是很高，但是一旦发生会对生产带来重大影响，是不容忽视的。不可控波动因素主要有以下几点。

1. 季节变化

有些产品的需求量直接受到季节变化的影响，譬如空调、风扇等。产品的产量会有明显波动，虽然有一定的规律可循且比较容易判断，但是不可避免地会对外包策略产生影响，不同的策略可能会带来外包成本的巨大差异。

2. 天气变化

企业的生产有可能会受到天气变化的影响。譬如天气过热或者过冷、空气湿度等，是否对生产线的正常运作带来直接影响，是否会对产品的质量有影响；这类天气出现的频率是否有相对准确的估计。如果企业受天气变化因素影响过大，那么对外包策略的选择也是有影响的。

3. 宏观调控

宏观调控因素不像外部政策因素那样影响巨大和持久，但是在一定时期内也会对企业的生产产生直接影响。譬如企业所在的集团进行内部调控、库存或产品类型的控制和调整，都会影响企业的产量。制造型企业自身的准备情况对外包服务供应商提供服务有直接影响，主要体现在产品不同生命周期阶段。制造型企业须采取不同应对方式来保证生产的有序进行，这样才能有效控制业务外包成本。

4. 产品稳定性

产品稳定性体现在制造产品的品种和工艺的变化频率。制造品种相对不确定或者制造工艺经常变动意味着制造过程中有更多的不确定性，产品或服务可能具有更大程度的不确定性，这些都不利于提供外包服务。

5. 产量稳定性

产量稳定性往往决定外包服务需求规模的确定性。产量波动很大或者说产量波动没有规律可循会增加外包难度和成本，例如库存数量的确定、人员配备数量等。稳定的产量或者相对有规律变化的产量有利于外包服务供应商制订更加明确的服务计划，以达到生产均衡、成本降低。

6. 物流服务需求企业数量

物流服务需求企业数量多少反映了市场上某一类外包需求的规模和迫切

程度。如果需求规模大且迫切，那么有利于外包服务供应商同时为多家企业提供外包服务，可达到规模生产效应、降低设备投资和人员投资，同时也可以吸引更多的外包服务供应商进入该外包市场，加剧市场竞争，促进服务质量的提高。

7. 风险控制和管理水平

对于物流服务需求企业，风险控制和管理水平是自身控制的重要因素，要求外包商自身具备应对外包风险的能力和管理不同外包服务供应商的能力，防止对本方不利的情况出现，促进外包服务供应商提高服务质量，进而促进外包市场的成熟。

4.4 企业物流外包决策流程

4.4.1 成立外包项目领导小组和外包工作小组

在企业开展非核心业务外包项目时，应成立外包项目领导小组，由企业最高领导亲自挂帅，并由采购部门、财务部门、技术部门、生产部门和涉及业务外包的部门经理参与工作，为外包项目做出战略决策，并制订出项目实施后应达到的目标。

企业领导层在有业务外包意向后，应在外包项目领导小组的领导下成立外包工作小组，工作小组的组长应是外包项目领导小组的成员，这样有利于企业战略目标的实现。由于外包决策是企业的一项战略性决策，因此外包工作小组应直属于企业决策层。小组至少应由来自生产技术部门、规划部门、采购部门、财务部门的管理者和专家组成。

4.4.2 运用价值链划分出企业的非核心业务、开展市场调研

企业决策层应当领导外包工作小组结合企业战略，并运用价值链对企业的活动进行分析，找出非核心业务。原则上非核心业务都适合外包，同时也要对业务的技术专业性进行分析。

在与企业决策层共同分析出非核心业务以后，外包工作小组应针对相关的非核心业务外包开展市场调研。调研主要从两个方面进行：一是同行业其他企业的外包状况；二是外包服务供应商的情况，并最终得出外包市场成熟度的情况。

4.4.3　编写外包任务书

外包任务书主要内容包含以下几个方面。

1. 企业概况

企业概况包括企业规模、生产的产品品种、产量情况、设备状况等。

2. 外包任务的具体描述

外包任务的具体描述是外包任务书的核心部分，包括对外包任务的详细及明确的描述、公司和外包工作的接口、工作要求及质量标准等。

3. 奖赏条例

外包任务书要说明将实行的奖惩制度，以明确外包服务供应商的责任和权益。

4. 外包时间

外包任务书应明确一个外包合同的实施期限。一般来说，通用性强的外包合同的实施期限可定得短一点，而随着外包业务专业化程度的提高，合同期要适当增长。

5. 结算方式

对于服务型的外包业务主要有两种结算方式。

（1）单台成本。

企业事先和外包服务供应商商谈一个"单台成本"，然后按照实际生产的产品台数乘以"单台成本"，与外包服务供应商结算。这种结算方式的好处在于处理简单、成本指标明确、商务成本低。不足之处是企业不易了解实际发生的费用情况、外包管理过程不易控制，事先制订"单台成本"时风险较大。

（2）实报实销。

企业按外包服务供应商申报的，经批准的发生的实际费用支付给外包服务供应商。实报实销的好处是有利于企业清楚地掌握外包实际发生的费用情况，但实际操作烦琐，因此该结算方法往往用在外包管理初期。

4.4.4　报价清单和询价

报价清单为各家外包服务供应商提供了一个统一且明确的报价格式，有利于比价。

在编写好外包任务书以后，企业可以将外包任务书发放给可能提供相关服务的外包服务供应商，向它们询求方案和价格。

4.4.5 对外包服务供应商进行技术评估

根据相关外包服务供应商的回复，企业要组织专业技术及管理人员对各个外包服务供应商的资质进行考察和评估，制订外包服务供应商的技术评价表，并将技术上符合要求的外包服务供应商推荐给采购部门。

4.4.6 商务谈判和发包

采购部门在收到技术部门的技术评估意见后与技术合格的外包服务供应商进行商务谈判。

外包工作小组向企业决策层提交技术评估报告和商务谈判结果，经企业决策层讨论决定最终的外包服务提供商，并由采购部门代表企业与被选中的外包服务供应商签订合同，至此发包工作结束。

4.5 物流外包合作伙伴的选择

4.5.1 合作伙伴关系的定义

企业在生产经营过程中，必须与多种类型的企业发生业务关系。企业为组织产品生产，需要从外部市场购进原料、能源、生产工具、劳务等，这便形成了企业与向其供应产品的企业之间的供应关系，这些企业也就成为该企业的供应企业，或称上游企业。企业生产的产品只有销售出去才能完成生产过程的循环，购买该企业产品的企业也就成为该企业的需求企业，也称之为下游企业。产品生产的上、下游企业之间便形成了从原始供应商至最终客户的渠道关系和产品供应链，由市场交易决定的企业之间的关系是一种纯粹的竞争关系。

对企业间关系的研究，最早可以追溯到亚当·斯密的著作《国民财富的性质和原因的研究》。亚当·斯密提出分工协作提高劳动生产率的观点，表明企业内部关系的整合可以提高工作效率。但此后古典经济学建立的需求效用理论、厂商理论等，对"关系"的看法只体现在企业追求利润最大化的基础上与竞争者、雇员（生产要素）的竞争与讨价还价方面。也就是说，古典经济学视野中的企业关系是纯粹竞争性的，而且其概念是狭窄的。在古典经济学之后出现的一些经济学理论，如博弈论、产业组织理论等都对企业间关系进行了研究，但没有对企业行为和企业关系的根本性质做出贴近实际的解释。新制度经济学的交易成本理论，部分修正了古典经济学的"理性经济人"、完全信息的假设，对企业之间的关系进行了一些研究，如交易成本经济学提出了资产专用性的概念和维持企业之间关系的"人质机制"，但对企业关系的研究仍然分散，不能对企业关系做出整体性、系统化的理论解释。

随着科技的进步，管理理论的发展，以及市场环境的变化，对企业关系的研究已从纯粹竞争的交易关系发展到纵向一体化关系。企业为了适应竞争环境的变化通过股权控制而联合在一起，这种形式的组织被称为"垂直一体化"组织。Temin 指出，"垂直一体化"是排除契约和市场的交换，将企业间的交易转换为企业内部的交换。它节约了交易成本，部分解决了代理问题，增加了控制稀有资源的市场力量，制造了进入壁垒，实现了规模效益，为企业提供了垄断力量的来源。

从抽象角度看，"垂直一体化"是企业运作的内部化。因此"垂直一体化"组织内部的成员关系就抽象为企业内部的成员关系。随着技术进步和经济全球化步伐的日益加快，客户需求更加个性化、对服务要求更加苛刻等促使了供应链的产生。与此同时出现的组织形式还有各种联盟。严格地说，供应链也是一种联盟，这种联盟成员之间常常存在供需关系，为了明确它们之间的这种联系以及明确联盟成员的共同目标是为最终客户提供产品和服务，将其形象地称为"供应链"。供应链是一种典型的企业和市场两种机制共同起作用的中间型组织。因此，供应链内部成员关系也与传统企业间的关系不同。供应链合作伙伴关系，也就是供应商—制造商关系，或者称为卖主/供应商—买主关系、供应商关系。供应链合作伙伴关系可以定义为供应商与制造商之间，在一定时期内的共享信息、共担风险、共同获利的协议关系。

市场上具有买卖或供需关系的企业为适应环境而组成供应链，在供应链生命周期的各个阶段，通过分享信息、降低成本和提高服务质量、共担风险、共享利益等提高双方绩效。供应链是一种特殊的企业间关系，是企业在特定环境下为增加自身适应性的战略目标而采取的措施，它不同于市场机制中纯粹的"买卖关系"，也不同于企业内部的"层级关系"，而是一种以重复交易为前提，建立在长期合作基础上的特殊关系。合作伙伴间要求相互沟通、彼此信任、共担风险、合理划分收益。适应性是指"能适合某些条件、环境、目的或要求"。

通过供应链管理可以直接或间接降低总成本，减少不确定性因素，实现快速响应，提高客户服务水平等战略目标。因此，随着供应链成员内外部环境的变化，这些企业有调整供应链战略以适应环境变化的需求，在供应链战略随环境的变化而不断调整的过程中，供应链成员关系也因之而不断变化。由于供应链中各合作伙伴企业是相对独立的，财产的所有权属于各企业，各企业有最终的决策权。正是因为各合作伙伴的相对独立性决定了供应链合作伙伴关系更多地表现为合作伙伴之间的竞争与合作。供应链的合作伙伴为了竞争而合作，试图在合作中增强自身的竞争力。

4.5.2　供应链合作伙伴关系的特点

1. 合作竞争的二重性

不管企业是单独行动，还是参与供应链之中，企业的基本动机都是关注自身的存在。因此，企业的竞争动机是始终存在的，贯穿于整个合作过程中。但是，企业在考虑自身利润增长的同时，不可忽略"竞争优势通过一种社会影响过程建立"这一点。竞争优势是通过个体的和集体的两种策略行动方式实现的。因而，在供应链中，与其他企业的合作在企业保持或提高竞争力的过程中发挥着重要的作用。

但是，企业的合作也可能会增强其他企业的竞争力，或者由于合作结果偏离初始设想而造成自身竞争力降低。因而，企业具有合作与竞争双重动机，必须在二者之间做出权衡。同时，企业的合作动机与竞争动机是同时存在的，并且很难确保竞争动机优于合作动机。以往的研究往往偏重于竞争或者合作中的一个方面。在实践中，供应链中的合作与竞争往往单方面地被扩大了。合作与竞争是商业运作的主要内容，也是一对矛盾的力量。企业在供应链合作中过分强调合作或者竞争都是危险的。过分强调合作，可能导致自身优势的丧失，还可能培养比自己更为强大的竞争对手，更重要的是导致对供应链其他成员的某种路径式的依赖心理，从而忽视对自身核心能力的培养，不利于企业的长远发展。而过分强调竞争，将会降低供应链的凝聚力，分散供应链的资源，导致供应链整体利益受损。

2. 功能倍增性与涌现性

供应链通过对各合作伙伴企业的功能相容和互补的集成单元进行整合，构造的集成体一般都表现出整体功能的放大。供应链管理从战略层面上，以整体的思想对上下游企业之间的供需关系进行整合，让原来对立甚至敌对的供需关系转变为相互信任的战略伙伴关系，信任和信息共享使得双方都关注总成本因素，并且共同完成降低成本的任务，让供应企业成为买方组织的一个延伸部分。通过供应链管理能够实现供需企业整体效益的增加，使供需企业双方的收入都高于纳什（Nash）均衡解，表现出效益的放大。这是供需企业实施供应链管理的内在动力。供应链管理还表现出其他功能的扩大，如快速响应、供应链柔性和敏捷性等。

同时，供应链中每个合作伙伴企业都对应着一个管理界面，使得供应商和制造商之间的连接，不再是销售与供应部门之间的接口联系，而转化为一种界面之间的连接。企业之间通过界面整合，能够使企业内的任何一个部门都可以通过界面与企业内或企业外其他相关组织进行交互和协调，从而借助集成界面实现集成体的整体计划和协同运作，呈现出功能的涌现。其中非线性是产生涌现系统的基本条件之一。

供应链的功能涌现主要表现在两个方面：一方面，表现在响应速度和敏捷程度等呈现出的功能涌现，这是因为通过界面集成可以从本质上将牛鞭效应的影响降至最低，使得响应速度呈现出功能涌现；另一方面，借助于集成界面，任意部门之间的交互可能产生新的功能，能够实现供应链整体运行基础上的物流、生产和销售的同步运作，从而产生供应链的功能涌现。

3. 非产权关系性

供应链合作伙伴关系在功能和效果上已经远远超过各合作伙伴企业独自的作用，但在资本关系上却不具有强制各合作伙伴企业发生联系的权利。因为供应链合作伙伴关系是在产权不发生转移的前提下实现企业对不同专用性资产的使用权共享。因此，就合作伙伴企业整体而言，供应链实际上不是一个具有命令系统的经济组织。企业集团、合资合作企业都存在完全或不完全的资产关系，它们都是法律意义上的经济组织，具有法人资格。供应链合作伙伴关系在形成过程中，其合作伙伴企业之间通过契约联系并不伴随资本的转移，合作伙伴企业之间是完全的非产权关系。因此，供应链不是法律意义上的经济组织，不具有法人资格。合作伙伴企业各自都具有绝对的独立自主权，而且一个企业可以拥有多个供应链合作伙伴关系。

4. 动态性

合作伙伴关系是一个动态的、开放的合作组织。它的组织界限模糊，而且不受地域的限制，可以分布式快速增长。供应链合作伙伴关系强调的是组合不同企业的核心能力，这种组合是对快速多变的市场做出反应，在合作中形成较大竞争优势，并在合作中实现共同受益。供应链合作伙伴关系的动态性体现在：一是伙伴关系存在的时间可长可短，并且具有明显的时效性，它随市场机遇的来临而诞生，随任务的完成而解体。二是供应链合作伙伴之间既是合作关系，也是竞争关系，合作是因为每个合作伙伴企业需要利用其他企业的专门资产，通过合作使用各企业的专长，让大家共同获利；竞争是因为每个企业试图将合作伙伴企业的专用资产用于个体，正是这种既合作又竞争的现象使供应链合作伙伴关系处于不断变动的状态。

5. 功能的分散性

借助信息技术将分布在不同企业的专用资产进行互换，也就是把它们组织起来去完成特定的任务，实现资源的优化。核心企业借用外部资源的对象可能是供应商、客户，也可能是竞争对手。但无论是谁，供应链合作伙伴关系实际上突破了企业的有形界限，延伸了企业的功能。在供应链合作伙伴关系组织形态下，企业的功能包括设计、生产计划、制造、装配、销售等。分别由不同的企业来完成，并不是每个合作伙伴企业都拥有执行这些功能的机构。在这种情况下，合作伙伴企业仅具有实现其目标的关键功能，其他的功能在有限的资源下，无法达到满足竞争的要求。因此将其功能分散化，以各种方式借用外部资源来进行组合和集成，进而形成足够的竞争优势，这是一种分散风险、争取时间的企业合作模式。

4.5.3 供应链合作伙伴关系的发展过程

通过价格机制"组织"生产最明显的成本就是发现相对价格。科斯用市场机制需要交易成本的理论，较为成功地解释了企业这种组织形式存在的原因，比新古典理论有了突破性的进展。继而，他用交易成本概念解释了企业规模的大小：当追加的交易（它可以是通过价格机制协调的交易）由企业家来组织时，企业就变大；当企业家放弃对这些交易的组织时，企业就变小。新制度经济学关于企业组织的研究表明：在以市场形式组织交易的过程中，由于寻求价格、讨价还价、达成交易、交易执行监督、违约风险等交易成本的存在，作为一种节约交易成本的企业组织形式便产生了。根据科斯的观点，企业是作为对存在交易成本的市场组织形式的替代而产生的。然而，以企业形式来组织市场交易同样存在着许多管理成本，如信息成本、管理成本、监督成本、效率损失成本等。所以，企业的规模或者边界有一个最优问题。科斯认为，由于企业管理也是有费用的，企业规模不可能无限扩大，运用边际分析原理，当市场边际交易成本与企业边际管理成本相等时，对应的企业规模就是最优规模。随着市场环境的演变，企业规模在不断地发生变化，同时交易双方之间的关系也有了很大的差异。

企业边界一旦确定，那么企业与其外部的所有交易都成为市场交易的形式。然而，企业与其上下游企业之间的市场交易一般是不连续的和暂时的，这种关系会把成本强加于企业。持续寻求最佳外包服务供应商或客户以及谈判协议条款，可能非常耗时并且代价昂贵。每一方都可能采取机会主义行为，因为任何一方对另一方都知之甚少。更重要的是由于缺乏对未来交易的保证，每一方都有一个短期盈利最大化的刺激，而这会抑制双方的沟通，不利于长期投资。交易成本存在的本质是当交易成本高时组织倾向于使这些成本内部化，即纵向一体化，组织将减少或消除交易成本，并且能够控制这些成本。纵向一体化战略是将存在供应关系的企业纳入一个企业整体，即企业将生产与原料供应或生产与产品销售联合在一起的战略形式，是企业在两个可能的方向上扩展现有经营业务的一种发展战略，实际是将以市场形式组织的交易转由企业来组织，交易双方的关系由竞争转变为合作。同一个企业的不同部门在统一战略管理下，它们之间的供应关系就不存在相应的机会主义行为，企业既保证了生产的供应或产品销售，又可以针对企业自身的需求进行大量的专用性资产投资。纵向一体化战略的实质是将企业之间的供应关系转化为企业内部各部门间的物流供应关系。纵向一体化战略有其优势，但是也存在许多弊端。企业一体化（内部交易）并不总是优于市场交易，这意味着所有生产活动在一体化的组织内部将有损效率。

为了应对纵向一体化在信息成本、管理成本、运作能力等方面的问题，企业的发展呈现了一种将企业业务集中于其具有核心竞争能力生产过程的趋势。企业内部逐渐出现了生产工艺外包和部分生产职能的分离，促使最初以企业形式组织的交易转化为以企业间市场形式组织的交易，企业间的关系不再是单一的合作关系。根据迈克尔·波特的五力模型，从单个企业的维度来看，企业的竞争关系主要包括与供应方、需求方、同业对手、潜在进入者和替代商品生产者的关系。企业与供应方和需求方之间的需求链条构成了供应链关系，与该企业存在现实和潜在供应关系的企业则构成了整个供应链。在现实及潜在供应关系的企业和同业企业以及潜在的可能进入企业的整体之间，存在着一个参与以及可能参与同一产品价值创造的企业群。企业群内的企业借助可能的供应链关系通过交易、协作协议等方式在企业之间建立稳定的交易合作和竞争关系，并密切联系在一个供应链企业关系网络中。供应链上下游企业之间的合作成为企业的一种战略性选择。建立竞争合作关系是将供应链企业关系置于纵向一体化和市场之间的中间状态，它具有中等的资产专用性、低等的交易不确定性、双方频繁的交易、中等程度的信息，但同时双方都保留了一定的灵活性和效率，并达到了双赢。

供应链合作伙伴关系的发展是一个渐进的过程。在合作伙伴企业战略目标一致的基础上，通过信任、契约、信息的连接，合作伙伴关系的发展经过合作伙伴关系的战略定位、合作伙伴评价与选择、合作伙伴开发与协调、合作伙伴关系维持与评估、战略目标的实现等过程。

1. 合作伙伴关系战略定位

供应链合作伙伴关系中的供应商选择是一个十分重要的问题，它直接关系到企业供应链整体的成败，因而必须从战略的角度来检验是否真的需要与供应商建立合作伙伴关系。选择合适的战略伙伴要求企业尽可能多地了解未来的合作伙伴，其中最重要的是合作伙伴与本企业形成联盟的战略意图。不同企业加入联盟的战略意图有所差异，有些是想通过联盟获得技术知识；有些是想分享市场份额；有些是想利用其他战略资源，以达到增强自身竞争力的目的。

在集成化供应链管理环境下，供应链合作伙伴关系有多种类型，但通常可以分为两个层次：重要合作伙伴和次要合作伙伴。在了解合作伙伴战略意图的基础上，可以根据合作伙伴在供应链中的增值作用及其竞争实力，将合作伙伴分类。

在实际运作中，根据供应链中核心企业的不同选择目标、不同价值取向，选择不同类型的合作伙伴。对长期合作需求而言，应选择战略合作伙伴；对于短期或者某一暂时的市场需求而言，只需选择普通合作伙伴即可，以保证成本最小化；对于中期需求而言，则可根据竞争力和增值作用对供应链的重要程度，相应地选择有影响力的或者竞争性/技术性的合作伙伴。

2. 合作伙伴关系的评价与选择

在此阶段，企业必须权衡各种因素，全面考察潜在的合作伙伴企业，从中做出最优化的选择。通过对各潜在合作伙伴企业的特征进行分析、整理、评估，确定一个最优的伙伴企业构成方案。在这一阶段，主导企业根据建立的供应链模型，确定所需要的性能水平、关键经营过程与核心资源；开发供应链组织并评价这些过程和性能，以进一步确定当前所拥有的核心资源与能力；进行缺陷分析以确定企业核心能力之外所需的经营能力，从而确定合作伙伴选择的领域范围，并进行合作伙伴的初选；通过对潜在的合作伙伴企业进行多目标综合评价，得到一个最优的合作伙伴集。

3. 合作伙伴关系的开发与协调

对具有潜在合作伙伴关系的企业进行评价与选择，虽然是供应链主导企业单方面的行为，但仍需要在企业间通过一系列的沟通与协商谈判，最终确立供应链企业间的合作伙伴关系。企业间可以通过一对一的协商谈判机制来确立供应链中企业间的合作伙伴关系。比如对某个核心资源拥有垄断地位的单个或少数几个供应商的选择。然而，在大多数情形下，主导企业将面临多个潜在合作伙伴的情形。对此，同样可以采用协商谈判的方式来建立合作伙伴关系。但当需要进行协商与谈判的代价过大时，可以采用招标/拍卖的方法进行任务招标。通过建立合理的招标/拍卖机制，可以快速高效地在多个潜在的合作伙伴中进行选择，使结果向着有利于双方的方向发展。同时，由于供应链企业间存在信息不对称现象，在供应链合作伙伴关系的建立过程中，有必要建立约束机制。由于供应链管理中不确定性因素的存在，单一节点的供应源不利于供应链的正常运营。因此，主导企业有时会同时与多个具有同样核心资源的企业建立合作伙伴关系，组成供应链组合。

4. 合作伙伴关系维持与评估

合作伙伴关系已经达到一个稳定而积极合作的关系时，就会形成双赢的局面。此时双方的沟通已经完全通畅，企业往往建立了专门的合作团队。企业之间的关系已经发展成为一个不存在障碍的内部统一体，企业通过紧密合作挖掘双方的潜能以提升核心竞争力。鉴于供应链运营过程中的动态性，有必要在供应链的运营过程中对供应链合作伙伴关系进行有效的激励与监督，以确保企业间合作伙伴关系的稳定。对合作伙伴的监督可通过供应链绩效评价来实现。

5. 合作伙伴战略目标的实现

在没有新的市场机遇或者没有新的战略目标情况下，合作伙伴关系将开始衰退，合作伙伴企业的关注重点是企业之间交易的价格和绩效评价，合作伙伴之间的合作都是基于短期目标而产生的短期行为。此时，企业双方退出的障碍已经变小，并且企业维持合作伙伴关系的成本是有限的，因此较易退出合作伙伴关系。

在这个阶段，供应链中合作伙伴企业双方所签订的合同或契约中涉及有限的共同利益。似乎双方又恢复到合作萌芽阶段或合作成长阶段，更多地考虑自己的利益。因此在利益分配时缺少公平性。当一次合同结束后，双方的合作关系是否延续取决于双方的需求，因此维系合作关系对双方来说并不重要。在这种关系下，退出合作关系的风险和障碍降低，合作双方沟通中存在不通畅的问题，沟通的内容信息有限，双方采用较简单的信息网络进行沟通。由于双方的合作时间较长，并且合作领域局限于合同中规定的领域，这种合作关系在市场竞争中处于中等地位，当外部环境发生变化时，只有少数的合作候选对象。因此合作双方曾经建立的稳定合作伙伴关系已经面临破裂。

在实现战略目标以后，如果出现新的市场机遇或者企业有新的战略目标需求，企业又进入新一轮的合作伙伴关系发展阶段。经过上一轮的合作，企业对其他合作伙伴的了解进一步加深，合作经验更加丰富。因此，在新一轮合作伙伴关系的发展过程中，从合作伙伴关系的战略定位、合作伙伴关系的评价与选择、合作伙伴关系的开发与协调、合作伙伴关系的维持与评估，再到新一轮战略目标的实现，合作伙伴关系如此循环往复，不断演化发展。

应该看到，合作伙伴关系的发展通常是一个连续的逐步提升的过程。企业根据其战略需要，对其不同业务领域的合作伙伴关系进行定位，当目前的关系水平和原来的定位水平不一致时，关系就有演变的可能。关系的演变可以是渐进上升式的，也有可能是倒退的或者是跳跃的。

4.5.4 供应链合作伙伴关系演化的影响因素

1. 合作伙伴企业之间关系的控制力

控制力是一方影响另一方行为的能力。对于控制力的来源，有两种不同的观点。一是认为控制力来自依赖性。当甲方完全依赖乙方，而乙方并不依赖甲方时，可以认为是双方权力的不对等，即乙方对甲方拥有完全的控制力。当双方都对对方拥有控制力时，称为相互依赖。供应链上各合作伙伴企业之间存在这种相互依赖性，这使得双方之间拥有一定的控制力，可以相互影响和制约对方的行为。在合作过程中，当彼此间的认知差异性达到一定程度，一方的行动影响到另一方目标的实现时，就可能会引发冲突，各行为主体会出于追求自身利益最大化的目的而不惜采取损害合作伙伴利益的行动。二是认为控制力来源于六种权力基础，即奖励权力、强制权力、否定权力、认同权力、专家权力和信息权力。

在供应链合作伙伴关系中，合作伙伴关系的控制力来源于其在供应链中合作竞争的实力。合作竞争的实力影响一方对另一方的依赖性，也是影响其他权力的基础。根据资源依赖理论，企业对其他企业资源的需要会产生一种依赖感，因此企业试图通过与多个企业建立关系来控制其对其他企业的依赖性。虽然对其他企业的依赖是企业考虑供应链的前提条件，但间接依赖或不对称依赖却不一定促进供应链的形成，只有个体间彼此相互依赖时供应链合作伙伴关系才可能会发生。较高的相互依赖性是供应链形成的一个必备依据，互不需要的企业没有建立供应链合作伙伴关系的正当理由。由于双方相互依赖程度的不对称性，控制力会在一定程度上影响关系的性质。其影响程度取决于依赖程度的匹配状况，在相互依赖不对称的情况下，控制力即合作竞争的实力构成关系中的核心因素。关系中的控制力与相互依赖决定了其基本因素的性质。如果对合作伙伴过度依赖，会形成"傀儡关系"；低度的相互依赖常常努力减少对其合作伙伴的依赖性，双方关系变得冷漠；只有双方依赖性大体对等时，关系才平等。不平等的关系难以建立真正的信任。在企业关系管理过程中，应在控制力基本对等的情况下发展关系。

2. 产品差异化与资源异质性

在伯特兰德悖论背后，一个决定性的假设是，每个企业生产同一类产品。因此，价格是消费者唯一感兴趣的变数，并且没有一个企业能够把价格提高到边际成本之上，而又不失掉市场份额。现实中，这样一种假设是不大可能得到满足的。不同企业的产品品牌差异，离消费者距离的远近，发货的速度，邮购服务的优劣，产品的质量高低，消费者的偏好等都会导致各企业产品的差异化。产品的差异化可以防止或者减弱合作伙伴企业之间不受约束的竞争。供应链中各合作伙伴企业把各自的产品和服务定位在不同的位置，将彼此间的竞争脱离出仅限于价格竞争的恶性阶段，而进入差异化竞争的良性阶段。因为差异化所带来的结果是为市场提供了具有独特利益的产品，所以它能使供应链中各供应商有效回避正面碰撞和竞争。差异化竞争给制造商带来的利益也非常明显，不断的竞争促使产品质量更好、价格更低。

各个企业之间的资源具有很大的差异性，而且不能完全自由流动，当一个企业拥有一种竞争对手所不具有的特殊资源时，这种特殊资源就可能会为企业带来潜在的比较优势。任何企业不可能在所有资源类型中都拥有绝对优势，即使同一资源在不同企业中也表现出极强的异质性，从而构成了企业资源互补融合的物质基础。特别是某些异质性资源已经固化在企业组织内部，不可能完全流动交易，如独特的生产工艺、研发（R&D）能力、营销渠道、市场经验、知名品牌等无形资源，不便通过市场交易直接获取。获取对方的这些独特的资源必须通过与之建立起合作伙伴关系，才能实现各方的共享和互补。

供应链中各合作伙伴企业的产品差异性与资源的异质性对合作伙伴企业之间关系的演化产生重要的影响。各合作伙伴企业的产品差异性减弱了合作伙伴企业间的竞争，使合作成为可能的选项；合作伙伴企业间资源的异质性越大，企业之间合作的可能性越大。

3. 关系专用性资产

长期关系经常与转换成本或专用性投资相联系。对关系的专用投资形成关系专用性资产。威廉姆森以政府使用重复竞价来分配自然资源相关联的风险为例，将专用性资产分为四种形式。

（1）地点专用性，是指地点上靠近在一起的资产，是为了节约运输成本获得加工效率上的优势。

（2）物质资产上的专用性，是指资产的物理或工艺特性专门用于特定交易。

（3）贡献资产，是指专门为了特定采购者所做的工厂和设备的投资。

（4）组织及人力资源专用性，是指在特定的交易中，人员的技能、专有技术和信息具有较大的价值，而在关系之外价值就会减少。

专用性投资可能与未来交易的期望相联系，而不是与当前交易相联系。企业之所以愿意对关系进行投资，是因为专用性关系投资可以产生准租金。如汽车制造商与零部件生产企业在厂商地点的选择上形成专用性，由于运输距离近，大大降低了组装成本，产生了租金。如果双方关系终止，则双方都会受到损失。企业之间在进行专用性投资时，一般要事先协商控制机制以尽力保证投资不会沉淀。否则不会贸然进行投资。因为一旦投资于关系，其所形成的关系专用性资产就难以转移到其他方面。

这些专用性投资形成的关系专用性资产都有同样的后果：关系各方现在知道以后他们将从相互交易中有所得。重要的是，要正确发掘这些来自交易的收益（即有效的交易量），以及为了诱使事前的有效专用性投资量，还要正确地分配这些收益。同时，双方对关系的投资所形成的关系专用性资产，可以有效避免机会主义行为。专用性关系投资实质上是对关系承诺的一种方式，交易成本经济学认为是唯一可信的承诺，因为它大大降低了机会主义行为发生的可能性。

4. 合作伙伴企业间的信任

信任是供应链合作伙伴关系演化中的核心因素。信任具有双向性、传递性。社会学的因果推理认为，一方的不信任导致另一方的不信任并降低了承诺，使关系性交易向短期转移。在许多成功的关系中，很难说明谁是施信者谁是被信者，信任是双方的互动行为。在关系网络范围内，信任具有传递性，如甲信任乙，而乙信任丙，那么甲就信任丙。就是说，通过乙将乙对丙的信任传递给甲。

信任解决了信息不对称问题，节约交易成本。因为信任对方，才向其披露信息。在完全信息的情况下，伙伴的所有信息和未来行为都可以完全预测，双方可以签订完备的契约并按照执行，此时信任就失去了存在基础。但实际上，由于信息不对称和契约的不完备性，企业与顾客以及合作伙伴之间的行为是依靠隐含契约来约束的。信任是支撑隐含契约的基础。因此，企业实际上是由明确契约和隐含契约构成的法律实体。

信任具有外部性。当群体之间大多数保持信誉时，少数企业的背信行为会受到惩罚。信任是关系亲密度的主要衡量指标。信任遵循路径依赖机制，即对信任的投资与收益是不断循环的过程，信任一旦丧失就很难重新建立起来。

5. 风险利益机制

基于资源整合和协同理论而建立的供应链，其形成的前提条件是供应链各成员之间在价值创造上存在价值关联或者相互之间具有某种依存关系。而供应链的稳定以及合作伙伴积极性的发挥依赖于供应链的风险利益分配是否科学合理。

在现代市场经济中，企业之间、供应链之间的竞争越来越激烈。在激烈的市场竞争中，风险无处不在。供应链合作伙伴在承担市场风险方面具有差异性，因此在利益分配上要体现风险收益。

供应链合作追求的是供应链整体利益最大化，为了实现这个目标就可能会牺牲一些成员企业的利益，尤其是非核心企业的利益，这势必对供应链的长期稳定造成破坏。供应链成员企业都在追求自身利益的最大化，努力保护自身利益不受损害，这种保护就反映在对供应链所获利益分配的关心上。实际上，供应链企业间是存在着潜在的利益冲突的：为了使整个供应链的成本最低，很可能使利益向某一个企业转移，从而造成利益在供应链上的倾斜，影响供应链的稳定和高效运作，甚至导致整个供应链合作的失败。

"风险共担、利益共享"是供应链的前提思想，在处理供应链合作伙伴企业之间最根本的关系——利益关系时，应考虑风险因素（风险的构成与企业对供应链的投资额、技术风险等有关）。一般情况下，利益与风险是成正比的，在分配利益时，应充分考虑各成员企业所承担的风险大小，对承担风险的成员企业应给予适当的风险补偿，以增强其合作的积极性。在分配利益时忽略风险，会打击供应链企业的积极性，从而影响整个供应链的效率和稳定。

总之，在控制力、产品差异化与资源异质性、信任、风险利益与关系专用性资产五种因素中，它们彼此之间的性质与相互作用是不同的。控制力、产品差异化与资源异质性、关系专用性资产属于基础类因素，信任属于行为类因素，风险利益属于约束因素。从性质上看，信任与关系专用性资产两种因素是紧密交织在一起的。

通过投资关系专用性资产可以达成信任；控制力与信任之间一般是不相关的，依靠控制力结合的关系，双方之间并不一定会形成信任。相反，如果双方之间建立了信任，则可能排斥控制力的作用；关系专用性资产与控制力、信任、风险利益之间都可能发生紧密的联系，对关系投资所形成关系专用性资产可能是一种承诺方式，关系专用性资产又可能成为控制力的来源。上述几种因素在不同性质的关系中发挥的作用不同。

4.6　本章小结

物流外包评价的方法分为定性评价和定量评价两方面，评价指标的选择应该能够真实反映企业、待决策业务、市场环境等与业务外包有关的因素。本章首先介绍了当前物流外包决策以及物流外包模式的研究进展。从企业技术能力、市场能力、外包市场成熟度、技术通用性以及生产计划确定性等方面确定物流外包的决策维度，指导企业物流外包决策。与此同时，对物流外包合作伙伴的选择进行了简要的阐述。

5 物流外包价值网络设计

5.1 价值网络的结构模型

网络由若干个相互依赖、相互作用的模块或团队构成，并通过各模块或团队之间的相互协调和互动来凸显其分布的整体性结构特征。价值网络共有五类要素：组织者和参与者、规则、策略、范围和效用。这五类要素描述了价值网络中的所有相互作用。由此可以确定价值网络的结构框架，一个典型的价值网络由客户、组织者、其他节点企业成员（参与者）、电子市场平台、稳定的联系与合约等组成。

5.1.1 客户

客户是价值网络的战略核心，也是价值网络创造价值的源泉。客户反映了对商品和服务的需求，产品和服务是提供满足需求和愿望的价值。客户在价值网络中有两层含义：一是价值网络内部的客户，即节点之间互为客户；二是价值网络作为整体所面对的客户，即价值网络整体为之提供产品或服务的客户，也就是通常所指的价值网络的客户。以客户为中心仅是探索客户的前两个或前三个最重要的偏好，从而发现满足这些偏好并带来可观利润的机会。以客户为中心的思维方式并不是价值网络的专有特征，但以客户为中心，价值网络却能将其发挥到极致。

5.1.2 价值网络组织者

价值网络的架构中心是价值网络组织者，它首先完成传统中介的角色，聚集并匹配需求和供应。其次，价值网络组织者通过附加功能如信息协调来增加价值，或作为产品和服务的集成商，提供价值创造平台。价值网络组织者有两个关键作用：创建持久和忠诚的客户关系，培育、组织和维持价值网络内部的关系。

价值网络的组织者通常具有如下特征。

（1）在行业的细分市场具有很强的竞争地位和核心竞争能力，如：占有前几位的市场份额、掌握行业的标准、具有强大的品牌、在行业中具有号召力、处于领头羊的行列。

（2）具有很强的企业设计能力，即能够跟踪甚至预测客户需求偏好的变化趋势，制订出与客户偏好相匹配的经营战略和盈利模式，能够在丰厚的利润区中运营。

（3）具有较长时间的持续盈利能力和经营管理能力，并具有先进的经营理念。即企业能够很好地控制相关行业的制高点，并能在价值发生转移时，迅速占领下一个制高点。

（4）价值网络的组织者一般具备相当的资本实力，能够在价值网络中的基础设施构建、知识共享、技术标准的制定与提升、企业文化理念的协调等方面进行一定的投资，也可以通过产权投资来保证价值网络主要节点企业的步调一致。

（5）能够充分了解获得价值增值需要的多种核心能力，并能对相关企业进行核心能力的识别和提取。

（6）具有合作的经营意识，学习及协同整合能力。

5.1.3　电子市场平台

价值网络充分利用信息和网络技术，通过电子市场或用一些附加控制，如联盟或完全垂直集成等，把大部分活动外包到第三方供应商来完成最终产品或服务。

5.1.4　稳定的联系与合约

当价值网络把离散的节点企业关系排列为完全垂直集成时，价值网络组织者将决定构建一些关系模型，在松散的联合协议中将签订框架协议合同，更完整的垂直集成也包括所有权重置和运作集成。价值网络中的供应商提供最终产品或服务的必要因素，如果生产的零部件享受较高的资产特权，那么双方都对持久和最终的正式关系感兴趣。

5.2 价值网络的运行机理

价值网络是在核心企业的组织下，通过有效的协调机制作用，在各成员企业之间结成的一种动态的、有机的价值创造体系。其本质是在专业化分工的生产服务模式下，通过一定的价值传递机制，由处于价值链上不同阶段的彼此具有某种特殊优势的企业成员组合在一起，从而共同创造价值。信息流和物质流在各成员企业间的流动与交换突破了价值链的单向和线性形式，符合知识经济时代的特征。价值网络是一个动态的系统，它不断地建立、延伸、修改和变形，打破了正式组织结构所形成的刚性束缚模式。因此，价值网络的运行不是靠传统的层级结构控制，而是在定义成员角色和各自任务的基础上通过密集的多边联系、互利和交互式的合作来完成共同追求的目标。价值网络是在其内部各成员企业间利益维持均衡的状态下实现价值创造，同时各成员企业在自身利益均衡下也可能参与多个价值网络。构建价值网络越来越成为企业快速扩张、进入新市场、提供全新服务和创造价值的一种重要方式。价值网络内部成员企业间的关系直接影响价值网络的效率、竞争优势以及价值创造方式，有效的成员企业关系能使价值网络产生持久的优势。

在价值网络中，成员企业因各自的资源（主要指知识、技能、信息、设备等）有限，在经营过程中必须与其他成员进行交流与合作，这是一种以自身利益为驱动力的、自愿的、广泛的交流与合作。在交流与合作的过程中，会更大范围、更深层次地实现知识、信息与技能的共享。价值网络的基本构成要素是众多的成员企业和企业之间的相互关系，组成价值网络的每个成员之间都以平等身份保持着互动式交流与联系。沟通是成员企业间的直接沟通，而不是仅仅通过某些渠道进行的间接沟通。传统的层级控制体系被打破，信息这一重要生产要素的流动速度更快，知识在企业内部的积累和在网络成员间的扩散速度也大大加快，各种资源在成员企业间实现共享，提高了价值网络的工作效率。价值网络在受到特殊的外部市场信号刺激之后，还会形成一种特殊的具有临时性和针对性的网络系统，当一项任务完成之后，就会恢复到原来的网络状态。

5.3 物流外包价值网络影响要素分析

5.3.1 物流市场集中度

市场集中度是衡量市场结构常用的指标，它反映了市场垄断程度的高低，是用于表示在特定产业或市场中，买方或卖方具有怎样的相对的规模结构指标。市场集中度有绝对集中度与相对集中度之分。绝对集中度指行业内规模最大的前几位企业的有关数值（可以是产值、产量、销售额、销售量、职工人数、资产总额等）占整个市场或行业的份额；相对集中度反映产业内企业的规模分布状况，常用洛伦兹曲线（Lorenz curve）、基尼系数（Gini coefficient）表示。

由于不同行业或同一行业的不同时期的特点不同，需要以不同的数值为基础计算产业集中率。对于制造企业的物流业务而言，使用以资产总额为计算基础的集中率进行比较的意义不大，应以企业物流业务量及物流需求量为计算基础。由于市场是由买方和卖方组成的，所以市场集中度也可以分为买方集中度和卖方集中度。制造企业的物流市场包括物流服务的买方和卖方，研究也应从物流服务的买方集中度和卖方集中度进行。企业规模和市场容量是影响市场集中度的两个主要因素，以下分别从制造企业和第三方物流企业的角度研究影响物流市场集中度的因素，即制造企业的规模及物流外包市场成熟度。

1. 企业规模

在某个特定的产业中，如果市场容量不变，那么少数制造企业的规模越大，市场的集中度就越高。首先，企业通过扩大规模，可将单位产品的生产成本和销售费用降到最低水平而实现规模效益。其次，通过扩大规模，提高市场占有率，企业在行业市场上会形成一定的垄断地位，获得牟取垄断利润的条件。最后，因为企业的规模往往代表着经营者的能力和成就，所以企业的经营者也会出于此种需要而追求扩大企业的规模。随着企业垄断地位的确立，其物流服务业务量的稳定和规模化为物流业务运营提供了低成本运营的前提条件。

随着生产技术和信息技术的发展，产品生产经营的规模扩大，企业的规模也会相应扩大。同时，国家的政策和法律也会影响企业规模。一方面，为防止垄断会造成资源配置效率低下和市场竞争活力的不足，许多国家会通过法律和法规，限制大规模企业的联合与合并行为；另一方面，政府为了提高本国企业在国际市场的竞争力，又会放宽对企业大规模合并与联合的限制，甚至采取一些优惠政策鼓励企业扩大规模。

2. 物流外包市场成熟度

从企业的角度来看，其产品的生产是在企业内部完成的。而企业外部市场发展情况，也就是外包市场成熟度主要受外部政策环境和物流服务承接企业两方面因素的影响。

外部政策环境对物流外包行为的产生有直接的约束力，尤其涉及特殊商品或特殊行业。企业的业务往往涉及很多具有知识产权保护的技术或者设计方案，由于企业物流与生产过程的密切联系，即使企业有意将自己的部分业务外包，且外包服务供应商也有能力承接，可能涉及国家机密或者涉及对外政策壁垒或者涉及技术壁垒，也是有极大的障碍和风险的。企业外包的物流服务需求要由物流服务承接企业来满足，其服务数量和质量是否可以满足制造企业的需求决定于物流服务承接企业的数量、规模、服务能力、技术能力和与上下级供应商关系。

行业集中度虽然综合反映了企业数量和规模这两个决定市场结构的重要方面，但反映的只是最大的几个企业的总体规模，忽略了其余企业的规模分布情况，因此是不全面的。同时，行业集中度不仅无法反映几个大企业之间的相对情况，还难以反映市场份额和产品差异程度的变化情况。

5.3.2 物流市场进入壁垒

在影响市场结构的诸多因素中，市场进入和退出壁垒是与集中度和产品差异化并列的一个重要因素。一般研究更加重视进入壁垒，本文重点对进入壁垒进行研究。对于进入壁垒的分析，主要是从新企业进入市场的角度考察产业内原有企业和准备进入的新企业之间的竞争关系，以及最终反映出来的市场结构的调整和变化。

产业组织学中，关于进入壁垒有两个定义。一个定义是贝恩认为进入壁垒（barriers to entry）是"和潜在的进入者相比，市场中现有企业所享有的优势。这些优势是通过现有企业可以持久地维持高于竞争水平的价格而没有导致新企业的进入反映出来的"。从另外一个角度理解，进入壁垒也是指"潜在企业"或新企业在同原有企业竞争中所遇到的不利性障碍因素，新企业欲

"进入"，就不得不与现有企业进行竞争，新企业在与现有企业竞争时会遇到若干不利因素，这些不利因素会阻止新企业的进入。另一个定义是施蒂格勒提出的，他认为进入壁垒是新厂商比老厂商多承担的成本。

如果说对于市场集中度的分析，是侧重于考察产业内已有企业的市场关系，那么进入壁垒就是从企业进入市场的角度来考察市场关系的调整和变化。因此，通过分析物流市场的进入壁垒，能够从另一个侧面分析出制造企业物流运营的基础条件。

1. 进入壁垒的构成因素

（1）绝对成本优势。

根据贝恩的观点，绝对成本优势是指在特定的产量水平上，现有企业比潜在进入企业通常具有以较低成本进行生产的能力，这种能力使得潜在的企业或新进入的企业在试图进入市场的过程中或进入市场以后与原有企业相比处于一种竞争的劣势地位。这是因为现有企业可以通过拥有专利来控制核心技术；现有企业可以优先获得生产和管理过程中的稀缺资源；现有企业能够从供应商那里以更优惠的价格或渠道获得投入要素。

当新企业进入某一产业后，如果不能获取足够多的业务量，将会导致其生产或经营成本高于现有企业。对于制造企业来说，其物流业务的数量和发生频率决定了其是否具有成本优势开展自营或吸引第三方物流企业承接物流业务。

（2）规模经济。

根据规模经济的规律，新进入市场的企业要想获得生产和销售的规模效益就必须要取得一定的市场份额，或者说规模经济性的获得要以必要的业务量为支撑。可能新企业试图以最低经济规模进入市场，这将会导致行业总供给量会大大增加，从而导致产品市场价格的大幅度下跌，以至于会低于单位成本，使新企业难以生存。另外，在某些产业，企业的最小最佳规模，即企业的单位产品成本最低时的最小生产批量同市场规模相比就已经占据很大比重，这样的产业只能允许少数企业存在，因此新企业就很难出现。

新企业进入市场的费用包括初始资本费用壁垒和沉没费用壁垒。初始资本费用是指企业进入时所需的最低限度的资本量，初始资本量越大，新企业的进入就越困难。沉没费用是由于资源投入的专用性所导致的无法收回的费用。对于制造企业而言，如果选择物流业务自营就需要购置专用性很强的物流设施与装备，资本投入较高。而且如果一旦要退出物流市场，物流设施只能被废弃或贱卖，从而遭受较大的损失。

（3）产品差异化。

产品差异化是构成进入壁垒的一个更为重要的因素。原有企业通过长期的努力，已经建立起了一定的产品知名度和美誉度，企业通过较少的投入就可以维持顾客的忠诚度。对新企业而言，通常要以更大的投入去开发新顾客源或争取原有企业的老顾客，成本较高。新企业的这种成本劣势与产品差异化所造成的进入壁垒成正比。当然也有例外，如果新企业掌握着能够淘汰原有企业提供产品的新技术，则进入壁垒就降低很多。

目前，我国物流市场的服务产品主要以运输、仓储等基本物流服务为主，增值服务所占比重较小，服务的内容较单一，同时现有物流企业的品牌知名度和顾客满意度都不高，所以由产品差异化所造成的物流市场进入壁垒相应较低。

（4）政策法律制度。

政府在经济管理过程中所制定的法律制度也是构筑进入壁垒的一个重要方面。德姆塞茨等学者认为，在某些产业中，企业经营需要获得批准和执照，企业进出口需要获得有关的许可证，资金筹措也要受到政府的限制，还有差别性的税收壁垒、专利制度等，都成为阻碍新企业进入的壁垒。

物流服务是物流服务供需方合作的基础和纽带，可以说一切都是围绕着物流服务外包展开的，制造企业自身的性质或者相关物流配套设施状况也反映了业务是否适合外包。物流资产专用性就是指围绕着提供物流服务所需要的各种资源，包括基础设施、设备和人员等是否具有广泛的适用性，还是仅适用于某项专门的物流作业。物流资产专用性直接影响外包策略选择，企业若选择自营物流，将面临着成本和规模经济效益等问题。

2. 企业物流服务需求差异化

产品或服务差异化是一种有效的非价格竞争手段，在提供给顾客的产品或服务上，企业通过让顾客感知产品独特的差异性而影响其购买行为，进而引发顾客偏好的特殊性，使顾客对本企业提供的特定产品或服务产生偏好和忠诚，甚至不惜为此支付更高的价格，从而使企业在市场竞争中占据有利地位。

企业对物流服务需求的差异化主要来自物流服务需求的不确定性。制造企业在生产过程中要对未来产量进行预测，而且还要考虑产品更新换代、工艺的不断优化、订单的获取和撤销等方面的情况。生产计划的变化给企业带来较大的交易不确定性和导致较高的交易频率。交易频率越高就意味着交易量大、经常发生，从而产生较高的交易费用。较高的交易费用是企业选择外包策略的主要障碍之一。

若物流服务需求企业未来生产计划的预期比较准确且比较长久，物流服务供应商可根据生产计划做出比较准确的成本预期，进而减少市场交易频率，降低交易成本。但制造企业生产计划的变化受内部及外部不可控因素的影响，对物流服务需求的影响是不容忽视的。物流服务供应商能否满足不可控因素带来的物流服务差异是企业选择外包决策的重要考虑因素。不可控因素主要来自以下几方面。

（1）自然环境的变化。

有些产品的需求量直接受到季节和气候的变化，譬如空调、暖气等。产品的产量会随气候明显波动，这会对企业的外包策略产生影响。

（2）产品品种和产量的变化。

产品品种的变化主要来自制造产品的品种和工艺的变化频率。产品品种相对不确定或者制造工艺经常变动会造成制造过程中更多的不确定性，同时造成物流服务需求的不确定性。产量的变化往往决定物流服务需求规模的稳定性。

（3）政策调控。

政策调控会对企业带来直接和持久的影响，譬如地方政府在推出汽车限购政策后，汽车制造企业随之对生产和销售做出调整，并在相应城市对库存和产品销售类型进行了控制和调整。因而，企业对物流服务的需求也发生了变化，物流运营策略也要进行相应调整。

以上不可控因素是物流需求差异化产生的主要原因，当物流服务供应商无法满足企业需求，或物流过程与生产过程无法分割时，物流服务的差异化需求便体现出来。对于物流服务供应商而言，提供不同类型的物流服务意味着存在差别化，同一项物流服务如果品质不同也意味着存在差别化。制造企业差异化的物流服务需求主要通过集成的物流服务、定制化服务、高效的信息处理技术和网络化服务满足。

5.4　物流外包价值网络设计要素

5.4.1　战略及价值定位

企业的物流战略决定了物流外包价值网络的构建。物流外包价值网络是由网络中各主体的价值创造活动构成的。网络中包括采购、生产制造、物流、销售等直接价值创造活动。除了直接价值创造活动以外，还包括辅助活动，如企业的技术开发、人力资源管理、企业基础设施等，网络中的辅助性活动并不与特定基本活动相联系，但它支持整个价值网络，其质量好坏直接影响基本活动的增值效果。制造企业不可能独自从事其产品涉及的所有阶段的活动，它需要供应商为其提供原材料，第三方物流企业为其提供物流服务。因此，在企业的运营系统中，存在着对企业生产经营活动产生直接影响的供应商、服务商和客户，它们之间存在着信息流、物流、资金流的运动和交换，从而构成了价值网络。

基于战略的物流外包价值网络设计，就是企业分解和整合本企业的物流系统，确立物流活动与企业核心能力内在和外在的有机联系，通过物流外包利用外部物流资源构建价值网络，进而实现企业的战略目标。

1. 市场细分战略

企业的经营范围会对物流外包价值网络的结构产生重大影响，企业的经营范围不同，将使企业面临不同的竞争对手，从而影响企业的竞争战略。因为经营范围形成了价值网络结构并决定着企业的资源配置状态。细分目标顾客群，选定目标顾客，是价值网络的出发点。价值定位就是明确企业通过怎样的产品和服务为特定顾客群带来效用。物流外包价值网络的特征是使企业可以通过网络提升物流服务水平。价值定位与目标顾客保持一致，使企业所提供的产品和服务准确地满足顾客的需求，促进顾客忠诚度的提高。

在不同细分市场经营的制造企业，如果其物流活动也处于不同的战略地位，其价值网络往往有较大的区别，这种区别可以使企业形成不同的竞争战略。如果企业同时参与几个细分市场的竞争，企业的物流外包价值网络中就可能形成既有适合于某一特定细分市场的价值活动，又有在几个细分市场中可以互相参与的共同价值活动。这种相关性价值活动能够使企业的物流外包网络资源因通过共享而产生协同的增值效应。

在制造企业的经营战略中，纵向联合程度规定了企业与其供应商、物流服务提供商以及客户之间的活动的分工，从而影响企业的价值网络构成。例如，生产产品的某些非关键性部件由自制改为外购，会导致企业的采购部门精简，从而影响制造企业的价值构成。同样，在企业的运营中，物流服务提供商也可以代替企业行使采购、批发、配送、顾客信息反馈等许多职能。企业经营活动业务的不同，形成了不同的价值网络构成。

因此，基于市场细分战略的物流外包价值网络的构建，涉及哪些价值活动由自己完成，形成企业的核心竞争力；哪些价值活动采取外包的形式，以提高企业的市场响应能力，形成独特的价值网络系统。物流外包价值网络突出了纵向联系中物流外包的作用，使得企业能更清楚地看到联合的潜在好处。

2. 差异化战略

企业在制订战略决策过程中，尤其是关于企业生存与发展的重大战略决策时，都应该有所差异，营造自己的特色，而不应盲目地跟从。制造企业只有形成独具特色的差异化优势，才能在竞争激烈的市场环境中获得生存和发展。通过差异化战略，从为顾客创造的价值中发掘利润，使其在为顾客创造价值和为价值网络中的企业带来利润两个方面同时达到最优化。

差异化战略思想对企业的生存与发展非常重要，但许多制造企业常常只是从产品本身或营销上的观点来看待差异化的潜在来源，而不是从流通的整个过程中找出任何可能产生差异化的环节。实际上，成功企业将差异化优势战略的思想贯穿于整个经营决策的全过程。从企业开展新的投资项目开始，到企业的产品或服务的开发设计、款式、功能和质量的差异性，销售方式和销售渠道的差异性，以及配送等物流活动，都是差异化的拓展领域。对于制造企业来说，高效和及时的物流活动是保持生产连续性和稳定性的重要保证。与客户连接的配送活动会直接影响客户的满意度，所以制造企业更应该从物流活动中发掘并提升潜在价值。

当制造企业向其客户提供某种产品或服务时，不仅仅是价格低廉，而且具有独特的价值，它就会把自己与竞争对手区别开来。差异化的产品或服务可以使制造企业获得溢价，以一定的价格出售更多的产品或者获得较高的客户忠诚度。如果溢价超出了为使产品独特而投入的成本，则差异化就会给企业带来更高的收益。

企业的差异化战略必须从一个企业进行的具体活动和这些活动如何影响客户来理解，差异化战略与低成本战略一样，其优势来源于企业的增值活动。增值活动中的任何一种活动都是独特性的潜在来源，许多成功实施差异化的企业通过基本活动和辅助活动来创造独特性，如通过原材料的采购和投入影响产品的性能；通过技术开发实现独特性的产品设计；物流活动决定着产品发运的及时性和稳定性；售后活动树立了产品形象等。同样，在非直接活动中，如维修或进度安排等也可以像装配或订单处理等直接性活动一样发挥差异化作用。

　　独特性是对于买方而言的，如果产品或服务对买方没有价值，就不能形成差异化。实行差异化战略的企业必须在分析买方价值活动的基础上，找到为买方创造价值或者获得收益的途径。制造企业在确定物流外包战略的同时要找到物流服务供应商的价值增值行为，同时确立最终客户的价值活动。不同的客户对价值的理解不同，这也给企业提出了如何通过自身价值活动的独特性来适应和影响买方的增值活动的战略问题。确定物流外包价值网络接口方法的关键是要找到制造企业价值与客户价值之间的联系。制造企业与物流服务供应商之间的联系取决于物流服务供应商如何提供物流服务，在提供物流服务过程中对制造企业各种价值活动产生什么样的影响，以及如何实现自身价值的增值。

　　制造企业本身所处的行业特点及生产的产品特点，以及其物流活动都是差异化的来源。产品对客户的直接或间接影响越多，形成差异化的可能性就越多，在整体水平上取得差异化的程度就越大。例如，汽车制造商如果能很好地理解汽车是怎样影响客户的价值活动，它们就可以设计出对客户更有价值的车。例如，载重汽车直接影响客户货物发运成本（包括：载货能力、装卸难易程度、燃料费用以及维修费用）；汽车的载重量影响发运的次数；汽车的振动量影响货物的质量；汽车还可能影响货物的包装；汽车制造商的其他价值活动，如库存、备件供应、配送都会对客户产生非常重要的影响。

　　物流外包价值网络差异化水平的高低，取决于企业价值活动与客户价值活动联系中独特性累积价值的高低。这种价值表现在对网络中企业的成本和效益的直接和间接影响。制造企业与物流服务供应商之间如果形成与众不同的联系，就实现了差异化，建立了基于差异化的物流外包价值网络。

5.4.2　稳定的联系及契约

　　契约的目的不在于征服对方而在于引导合作，以促使合作利益能够顺利实现。因此，契约制度的完善是价值网络利益均衡的重要举措。契约本质上是一种期待权（对价利益）或者信用关系（信赖利益）。

1. 契约的形式

　　成员企业之间是以契约为纽带的动态合作关系，一方面，需要以法律的形式来保证契约的效力；另一方面，个体的有限理性和信息的不对称性造成契约条款的不完全性。因此，合作的诚信以及合作的满意度也是契约制度的重要内容。

　　根据当前企业实践，契约制度主要包括两种形式：具有法律效力的正式契约和具有道德规范性质的非正式契约。前者是指合作各方就合作的标的、相互间的权利和义务所达成的协议，后者是指合作各方为了降低交易成本以及维持伙伴关系而对合作协议的补充约定。

　　协议设计的核心在于寻求成员企业的个体利益与合作整体利益的统一。管理专家通过对众多公司的调查，总结出制订联盟协议的十大原则，即"严格界定联盟的目标；为联盟建立具体的结构；考虑财税方面的影响；对红利和公司间的交易做清楚的记录；给各方投入的资产标出价格；贡献与收益对称；要有应付重大变化的条款；尽量加入有助于给联盟带来持久价值的条款；要有解散条款；要有某个合伙人退出条件下联盟如何继续运转的条款。"这些原则值得发起企业在拟定价值网络成员合作协议时参考。一般地，合作协议的主要条款与协作型联盟盟约的主要条款基本相同，主要包括合作的目标；合作各方和联盟体的基本情况；联盟的合作方式及合作范围；合作各方投资方式、数额、比例及投资期限；合作各方盈亏分配比例；联盟的组织结构；合作期满时的财产清算及债权债务的分担；合作协议的变更、解除及违约责任。

　　协议主要有两个功能。第一，协议能够允许各方提出对对方的期望和对短期目标做出承诺；第二，如果合作破裂，协议还提供了安全网的保护作用。但是，由于诸多不确定性的存在，仅仅靠一份法律文书并不能真正构建伙伴关系的基础，维护伙伴关系的意愿和承诺还需要除了协议之外的其他条件，即非正式契约。非正式契约通过成员企业广泛合作与相互配合，在丰富客户价值的同时，为各成员企业创造各自独立经营所得不到的市场机遇，进而提高单个企业及整体的市场竞争力。主要内容可能包括：与合作伙伴相互信任，以诚相待；对合作伙伴信守诺言；发誓不断改进；认识雇员的价值；共享信息，为客户提供最满意的服务；对合作伙伴的隐私和敏感性信息绝对保密。这样的协议不具有任何法律效力，其作用并不是给签约者明确任何强制性的法律责任。

　　作为长期以来广泛存在的一类现象，很早就有学者洞察到组织内、组织间非正式契约的存在及其重要性。非正式契约一般表现为关系契约和心理契约两种形式。关系契约（Relational Contract）亦称为"自执行的契约"，是指广泛存在于各类企业中的"可以强烈地影响个人与公司行为的非正式协议及不成文规章"。心理契约是源自西方组织行为和人力资源管理领域中的概念，其含义是指雇员与组织之间的一份内隐的协议，是以许诺、信任和知觉为基础而形成的关于双方责任的各种信念。心理契约既然能用于调控组织内部的雇用关系，那么也能用于协调组织外部的合作关系。因此，这里把心理契约看成是合作各方对伙伴关系中彼此为对方应付出什么，同时又应得到什么的一种主观心理约定。约定的核心内容是合作各方内隐的不成文的相互责任。

关系契约是感情与理智、信任与利益相结合的产物，关系契约具有以下两个特征：一是在不完全信息下博弈的各方一旦得到新的相关信息，可以根据具体情形随时调整契约条款；二是契约的执行无须借助第三方权威机构，只要符合各方利益，契约就会得到自发执行。需求、感情、利益都是稀缺资源，这三者之间是可以相互转换的。

引导人的行为，压力不如激励。同样，引导企业的行为，法律不如自律。心理契约是合作成员心里的一本"账"，心理契约是一个主观的感受。合作各方都依据自己对合作关系和正式契约的理解有着不同的心理契约；同时，心理契约具有动态性。一般情况下，正式契约是相对稳定的，而心理契约却随着合作各方主观感受的变化而不断变化；心理契约是正式契约的细化和发展。合作成员企业之间利益分配虽有相互矛盾的一面，但又存在着一种更重要的利益共生关系，在"利益共同体"这只"看不见的手"的指引下，内隐的心理契约通过填补正式契约留下的空白，对成员企业的自律、绩效起着重要的调节作用。心理契约是以信任为基础而形成的，任何动摇会直接导致心理契约的破坏，而心理契约的破坏则会引起成员企业满意度的下降，对合作承诺的降低，直至协议的重新确定等系列反应。这种信任比协议更重要的观点，虽然过于绝对，但还是有一定道理的。良好的关系契约和心理契约不是自然而然产生的，而是合作各方共同创造的，其形成方法一般分为以下几种。第一，通过沟通。在"囚徒困境"博弈中，假如允许两个囚徒交流，那么"困境"将不复存在。显然，博弈各方最困难的是不知道对方打算做什么，如果进行沟通，不难实现最优解。通过沟通与互动，合作各方判断错误的可能性会大大降低，进而提高合作效率。尤其是随着网络的发展，沟通成本的降低，以及背叛风险的增大，关系契约和心理契约易得到良性循环与发展。第二，通过远景。远景是合作关系的导向系统，它可生动地描绘出合作关系所要达到的目标以及如何达到的方法。成功的伙伴之间总有共享的指引图，帮助它们为合作的贡献设定期望、衡量评估成效，并让合作发挥到极致。第三，要公平。公平分为两种：分配公平，即合作成果分配是公平的；程序公平，即管理合作关系的程序是公平的。"双赢模式"要将存在于传统竞争关系中的非赢即输的二维关系，改变为更具合作性、共同谋求更大利益的三维关系。"我有利，客无利，则客不存；我利大，客利小，客不久；客我利相当，则客可久存，我可久利"，就是公平的生动写照。作为非正式契约，关系契约和心理契约从道德层面约束成员企业在个体利益动下的"逆向选择""败德行为"，与正式契约是一种互为补充的关系，都是契约制度的重要内容。

企业将其物流业务的全部或一部分委托给专业的物流服务供应商运作，同时通过信息系统与物流服务供应商保持密切联系，以达到对物流全程的管理和控制。物流业务委托的本质是供应链管理思想在物流中的运用，强调的是制造企业和物流服务供应商在网络间的合作关系，而非竞争关系。合作关系的确立是通过物流外包价值网络的稳定联系建立起来的。物流服务需求企业即外包物流服务的制造企业是委托人，物流服务供应商即第三方物流企业是代理人。由于制造企业和第三方物流企业属于不同利益的主体，具有独立的法人资格，只能通过契约关系来确定双方的权、责、利关系。

2. 契约的联系方式

企业追求自身效用的最大化（物流总成本最低、货物交付的及时性以及服务水平），同时第三方物流企业也追求自身效用的最大化（利润最大化）。很显然两者的效用最大化目标存在着不一致性。为解决这一问题，现代经济学提供了三种可供选择的激励模式。一是委托人对代理人直接监督。由于制造企业（委托人）与第三方物流企业（代理人）的信息不对称，直接监督虽能减少代理人的行为偏差，但不能减少代理人思想上的消极因素，因此不能完全消除代理成本，同时由于监督成本太高而有可能使物流外包失去意义。二是让第三方物流企业（代理人）承担全部风险，并享有全部剩余索取权，制造企业（委托人）的利益为零。这是建立在委托人追求最大利润的假设前提下，但这种情况在一般企业活动中不可能存在，除非资本的利率为负数。三是按契约进行激励的模式，即委托人和代理人之间按一定的契约进行剩余索取权的分配，并将剩余索取权与经营业绩挂钩。

契约体现了委托代理关系，简森（Jensen）和梅克林（Meckling）（1976）将委托代理关系定义为"契约下，一个人或一些人（委托人）授权另一个人（代理人）为实现委托人的效用目标最大化而从事的某种活动"。委托代理关系利用报酬机制吸引代理人并授予代理人某些决策权利，这种关系存在于企业组织内部，也存在于企业与企业之间。委托代理理论假设委托人与代理人受有限理性和风险回避的影响，都有通过契约获得分工效果的动机，并有权衡得失、签订代理契约的能力；委托人与代理人的目标之间存在一定程度的矛盾；委托人和代理人之间存在着信息的非对称性，这种非对称性很容易引发代理人的机会主义行为，同时还假设信息是可以购买的商品，因此委托人可以通过购买信息来获得代理人更好的行为。

在以上假定下，委托代理理论主要研究如何通过最有效的契约来治理委托人与代理人之间的委托代理关系。均衡的委托代理合同必须满足个人理性约束和激励相容约束，委托人才能获得最大收益。然而契约设计过程中信息的不对称性使得契约的设计不能形成最佳方案，因此委托代理理论还引入了激励机制。

物流外包价值网络中的契约设计必须既满足制造企业，同时也满足第三方物流企业的价值要求。这一契约能够使第三方物流企业在追求自身效用最大化的同时，实现制造企业的效用最大化。

3. 物流外包契约的作用

由于信息的不对称性，企业在设计契约时存在一定难度，在签约前无法了解第三方物流企业的真实能力及水平，导致契约的不完备。而且契约中不能做到确切地规定代理人的努力程度，而且也很难测量其努力程度，同时由于环境等因素使委托人不能分辨利润来源是否由第三方物流企业的工作努力程度所致，所以委托人不可能完全依据企业的利润向代理人支付报酬。

在物流外包决策过程中，制造企业可以通过逆向选择合同的设计把不符合要求或能力低的物流服务供应商排除代理人之列；第三方物流企业因为拥有自己的信息优势，很容易损害到制造企业的利益。物流外包关系的建立不仅能满足个人理性约束与激励相容约束，而且长期合作关系的建立有助于促进物流服务需求企业与第三方物流企业目标的一致性。对于第三方物流企业而言，接受物流服务需求企业的委托成为其稳定的合作伙伴，不仅能获得稳定的业务，对企业的生存和发展也至关重要。第三方物流企业为了获得持续的物流业务，在不断提高物流服务质量、提高创新能力和获利能力的同时，还能满足物流服务需求企业的需求，并使物流服务需求企业从第三方物流企业的服务中获得第三利润源泉。

物流外包关系的建立还会给予第三方物流企业以显性激励。物流外包合同确定的较长期合作关系能促使第三方物流企业着眼于长期利益，同时第三方物流企业为了持续获得物流业务，会根据物流服务需求企业的要求不断提高服务水平和服务绩效,同时不断加强组织学习以提高提供创新性或增值服务的能力,以期在合同到期后,继续签订新的合同,保持和发展合作关系。长期合作可以减少物流服务需求企业与第三方物流企业因信息不对称而引发的第三方物流企业的机会主义行为,最大限度地降低第三方物流企业的自利风险。制造企业可以更好地专注于核心能力,赢得核心竞争优势。因为长期合作是基于互惠互利、相互信任的基础而达成的,供需的不确定性得到很好的抑制,这种合作有助于降低代理费用。至于绩效的监控问题,第三方物流企业为了获得制造企业的认可,会主动提供测量标准或相关的绩效信息,同时由于第三方物流企业的专业及规模优势,剩余损失也会降到最低程度。在以上理论的指导下,得到基于契约理论的物流外包决策机理,如下图所示。

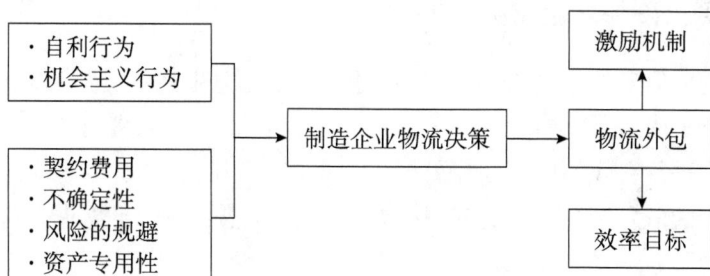

基于契约理论的物流外包决策机理

4. 物流外包契约的风险

委托代理关系中,委托人和代理人之间的效用函数是不一致的、风险类型也不完全相同,同时由于信息的不对称性,代理人不可避免地会存在机会主义行为。委托代理理论的研究就是通过对代理关系即最优契约的设计,防止代理人的机会主义行为,以此来保证实现委托人的效用目标最大化。

在物流外包网络中,制造企业是委托方,第三方物流服务商是代理方,从原材料供应商—物流服务供应商—制造商—物流服务供应商—客户的供求关系出发,物流外包过程会出现逆向选择风险和物流服务供应商道德风险两类委托代理风险。

(1) 逆向选择风险。

物流服务供应商作为营利性组织,以合作和最后的客户满意度为手段,其最终目标是自身效用的最大化。由于信息不对称,物流服务供应商在与制造企业(物流服务需求企业)进行业务洽谈时,为了获得物流业务,往往会对物流服务的质量、管理水平、企业的服务能力等信息有所夸大或保留。如果制造企业再缺乏有效的评价机制，那么在选择物流服务供应商时很可能做出错误的选择，从而影响企业的物流运作质量，给企业经营带来重大隐患和损失。

（2）道德风险。

在物流外包契约实施过程中，由于制造企业和物流服务供应商利益主体的不同，会存在利益和价值的冲突。所以在物流外包契约达成之后，由于信息的不对称性和监督的困难，如果制造企业又缺乏有效的外包监督机制和激励机制，物流服务供应商为了自身的利益和规避风险就可能通过违规操作损害制造企业的利益，使物流外包契约产生道德风险。

5.4.3 实施条件及技术基础

互联网、信息技术的普及和应用改变着传统的生产、交易和生活方式。物流外包价值网络是物流系统的集成，将制造企业内部网络与外部网络通过资源整合，进行有效集成。物流外包价值网络机制的有效运行将取决于其是否具有先进的信息系统、物流服务供应商是否有能力去满足需求方所要求的个性化定制服务。

信息资源的整合是一项跨越多组织、多元企业文化和对原有信息系统流程改造的过程，整合的过程是从整体利益、系统的战略目标出发，借助信息（IT）技术以流程变革为主线索，实现物流外包价值网络各成员企业的系统集成。集成是利用价值增值的思想优化系统内的业务流程，实现信息在系统内快速、安全、畅通传输的同时，带动物流和资金流的高效运行，并利用现有的数据建立合理的数据模型，为系统的决策提供科学、合理的依据。物流外包价值网络是对网络内的节点企业及各环节信息的整合，是对物流运作过程中的信息流、实物流和商流的优化和协同，实现网络的增值目标。物流服务供应商根据制造企业的物流需求设计选择最佳的物流运作方案时，需要有制造企业的生产、采购、仓储和最终客户的需求、配送等方面的信息，因此信息是进行物流策划和控制的基础。网络节点企业之间信息失真或传递不及时，会给系统带来不经济和不合理现象，如多余的库存、较低的顾客服务水平、运输配送的不及时等，即导致出现所谓的供应链中的"长鞭效应"（bull effect）。物流运作过程中，向最终顾客提供及时准确的订单状态、产品可得性、配送计划和发票成为衡量顾客满意度的重要组成部分，同时准确及时的信息是提高价值网络竞争水平的重要因素，因此信息在物流外包价值网络的资源配置和目标实现中发挥着重要作用。

物流信息资源整合的基本逻辑是：由信息共享而实现物流运作全过程的可见性，由可见性实现物流服务全过程的可控性，由可控性实现物流系统的适应性，由适应性实现物流系统输出的一致性和产品的可得性，以至最终顾客满意。实现物流信息资源整合的关键就在于建立跨企业边界的信息共享机制，物流外包价值网络由于具有功能的多重性、成员的多元性、地域的分散性和组织构成的非永久性等特征，因而网络中信息的共享更发挥了不可替代的增值作用。威廉姆森认为信息共享能够有效缓解有限理性和制约机会主义，如果没有较充分的信息共享，多利益群体中很容易出现机会主义行为，只有建立了信息共享制度，决策才会更为合理，更有利于实现长期合作。因此信息共享也是网络成员企业间建立相互信任、战略合作、共同发展的基础。物流外包价值网络信息资源整合离不开 IT 系统的支持，保障实现节点企业间、企业与客户间多形态的协同方式，从而更好地将网络优势资源整合起来，实现增值目标。

物流外包价值网络的信息化主要表现为物流信息收集的数据库化和代码化、物流信息处理的电子化和计算机化。信息化建设程度直接关系到物流外包价值网络运行的成败，是价值网络运行的实施条件和技术基础，重点从以下几方面实施物流外包价值网络的信息化建设。

1. 信息化整合

信息化整合主要包含两方面工作，一是将物流外包价值网络上的所有节点企业和组织，都纳入信息化整合的范围，把供应商、制造企业（物流服务需求企业）、物流服务供应商（第三方物流企业）及最终客户等相关的企业和组织，都纳入到统一的物流信息体系；二是开展物流信息的标准化和工程化建设，以物流服务特征和具体内容为研究对象，以工程化的视角开展现代物流基础标准工作。

2. 物流信息标准化数据库建设

物流外包价值网络中信息的快速传递和及时共享的关键在于物流信息标准化建设。物流信息的标准化是系统之间信息交流与处理的标准协议或规则，价值网络节点企业间通过标准化实现信息的互联互通，搭建跨系统、跨行业和跨地区的物流运作桥梁，顺利实现节点企业间物流数据的交流、不同地区间物流信息的交流、不同供应链间信息的交流、不同物流软件系统信息的交流等，最终达成网络的集成和资源整合的目的。

3. 信息平台的建设与开发

信息平台是物流外包价值网络节点企业间进行资源交换、信息共享的场地，信息平台承担整个网络资源的优化调配和服务计划协调的任务，实时、准确、透明地获取物流资源、物流需求、物流状态等数字化信息，同时为节点企业提供订单的及时传输、货物的动态跟踪和业务的网上受理等在线业务，为客户提供无缝服务。信息平台的建设与开发必须充分调动节点企业的资源，由网络的主导企业进行统一规划和实施。信息平台主要由基础支撑、数据采集、数据资源、应用和用户五个部分组成。

4. 高效信息技术的应用

由于制造企业产品的特性，网络内各节点企业的位置分布、时间、服务要素形成了复杂系统。只有凭借信息系统的技术支持，通过各方实现信息的实时共享，才能保证复杂系统的流畅运转。信息技术使得数据能够被快速、及时和准确地传递，提高了库存管理、订单处理、装卸搬运、运输配送的自动化水平，使企业间的业务运作可在短时间内完成。目前常用的信息技术有：管理企业资源的 ERP 技术、信息快速交换的 EDI 技术、资金快速支付的 EFI 技术、信息快速输入的条码技术和网上交易的电子商务技术。这些技术为物流服务的需求方和供应方之间建立良好的合作关系提供了有力的技术保障，并提供企业内部信息系统与外部节点企业和客户的接口，实现了信息共享和交互，达到了操作的协同性。

5.5 本章小结

物流外包价值网络设计主要是通过物流外包利用外部物流资源构建价值网络，进而实现企业的战略目标。本章分析并研究了物流外包价值网络的影响要素和设计要素。由于市场是由买方和卖方组成的，所以市场集中度也可以分为买方集中度和卖方集中度。物流市场包括物流服务的买方和卖方，研究也应从物流服务的买方集中度和卖方集中度进行。产业市场内的企业规模和市场容量是影响市场集中度的两个主要因素。市场进入和退出壁垒是与市场集中度和产品差异化并列的一个重要因素。企业对物流服务需求的差异化主要来自物流服务需求的不确定性。设计要素包括企业的战略及价值定位、稳定的联系及契约、实施条件及技术基础。

6 物流外包价值网络运作模式

6.1 物流外包价值网络运作模式内涵

市场环境的变化是新的运作模式的催化剂。在一个以顾客驱动的市场，运作模式的意义在于它移去不必要的细节，以提供顾客价值为原则，组织设计并以其为核心组织和建立合作关系。

随着互联网技术和电子商务的发展，网络的开放性和灵活性使得企业可以选择更多、更复杂的运作方式，同时企业要不断调整运作模式来适应网络时代市场环境的变化。在此背景下，企业必须分析各种复杂的运作模式，并且考虑如何在其中进行选择并如何形成当前最有效的运作模式，甚至创造新的运作模式。

6.1.1 运作模式体系论

在 20 世纪 90 年代，随着互联网的兴起，运作模式的概念从最早的信息管理领域扩大到企业管理领域。迈克尔·拉帕认为，"运作模式就其最基本的意义而言，是指做生意的方法，是一个公司赖以生存的模式，一种能够为企业带来收益的模式。"运作模式决定了公司在价值链中的位置，并指导其如何赚钱。运作模式是一个由多种因素构成的体系，是一个对企业至关重要的三种流量（即价值流、收益流和物流）的集合。运作模式开办的业务涉及流程、客户、供应商、渠道、资源和能力的构造体系。

物流外包价值网络是企业的一种新的运作模式，模式不只关注供应，而是关注为客户和节点企业创造价值。物流外包价值网络以客户为中心，是连接提供物流服务的供应商来取得高水平的客户满意度和超常的公司利润率的系统。物流外包价值网络通过外包过程中创新性的物流业务设计体现高效、敏捷性，通过对制造企业产品、顾客忠诚度、供应商关系、设计创新以及价格等关键点的控制来阻隔竞争对手，从而保证提供长期的利润流。阿兰·奥佛尔（Allan Afuah）认为，运作模式是企业为了进行价值创造、价值营销和价值提供所形成的企业结构及其合作伙伴网络，以产生有利可图且得以维持收益流的客户关系资本。从企业运营的角度分析，物流外包价值网络的运作模式就是企业如何根据环境变化合理配置物流资源实现盈利的方式。从短期来看，是企业的运营机制；从长期来看，是企业的战略性商业模式。

物流外包价值网络运作模式可以概括为一个系统，它由不同部分、各部分之间的联系及其互动机制组成。在系统中企业能为客户提供价值，同时企业和其他参与者又能分享利益。系统包括实物流及服务流、信息流和资金流，包括对不同节点企业及其角色的描述，还包括不同节点企业收益及其分配的划分。物流外包价值网络运作模式体系包括以下含义。

（1）任何运作模式都隐含一个假设成立的前提条件，如企业经营环境在一定时期的延续性、供需关系以及竞争态势在某个时期的相对稳定性等，这些条件构成了物流外包价值网络运作模式存在的合理性。

（2）物流外包价值网络运作模式是一个结构或体系，包括制造企业内部结构和与合作企业的关系结构，这些结构的各个组成部分存在内在联系，各个组成部分之间的相互作用形成了模式的各种运作形式。

（3）物流外包价值网络运作模式本身就是一种战略创新或变革，能够使制造企业通过物流外包战略获得长期竞争优势和利润的制度结构的连续体系。

体系论强调了运作模式要满足整体性和各组成部分的内在联系性，研究的视角更宽泛、更全面，能够从各个维度更系统地诠释运作模式的实质。运作模式是现实商业系统的一种抽象概念，它是企业为了适应外部环境的变化，从商业的角度来考虑与客户、合作伙伴、供应商等利益相关者之间的角色地位和相互关系的描述，从而达到资源的优化配置和实现利益相关各方的价值。运作模式体系包含了商业系统中企业的外部环境和盈利模式，各环节的动态运行构成了企业的运营机制，构建成一个共生、共赢的价值网络。

6.1.2 运作模式特点

物流外包价值网络描述了以围绕制造企业物流服务需求为核心，价值网络是如何提供价值给节点企业、最终客户的，价值网络的实体是怎样相互联系的，以及通过价值网络的运作节点企业获得的价值和节点企业间的交互影响。除此之外，物流外包价值网络运作模式还具有如下特点。

1. 运作模式的有效性

物流外包价值网络运作模式的有效性体现在两个方面。一方面，运作模式的有效性是指能够较好地识别并满足物流服务需求企业和客户需求，做到客户满意，不断挖掘并提升客户的价值。另一方面，运作模式的有效性还指通过模式的运行能够提高企业自身和合作伙伴的价值，创造良好的经济效益。

随着客户需求的变化以及市场竞争环境的变化，只有始终保持必要的灵活性和应变能力，并具有动态匹配的运作模式的企业才能获得成功，才能超越竞争者，在竞争全过程中体现出竞争优势。运作模式应能够有效地平衡企业、客户、合作伙伴和竞争者之间的关系，既要关注客户，又要企业盈利，还要比竞争对手更好地满足市场需求。

2. 运作模式的整体性

运作模式的整体性至少包括两方面含义：第一，运作模式必须是一个整体，有一定结构，而不仅仅是一个单一的组成因素；第二，运作模式的组成部分之间必须存在联系，各组成部分之间相互影响、相互依赖，同时互相支持、相互作用，共同构筑一个良性的循环系统。

3. 运作模式的差异性

运作模式的差异性是指不同于既有的任何运作模式，同时竞争对手不能进行复制和模仿，运作模式可通过保持差异而取得竞争优势。这种差异性来自模式本身较为独特的价值取向、资源能力及创新能力。

4. 运作模式的可持续性

运作模式不仅要能够难于被其他竞争对手在短时间内复制和超越，还应能够保持一定的持续性。商业模式的相对稳定性对维持竞争优势十分重要，频繁调整和更新不仅增加企业成本，还容易造成顾客和组织的混乱。任何商业模式都有其适合的环境和生存土壤，都会有一个形成、成长、成熟和衰退的过程。这就要求运作模式的设计具备一定的前瞻性，同时还要进行反复修正。

6.2   基于物流需求特点的制造企业价值定位

6.2.1   基础产业企业价值定位

物流外包价值网络的构成包括客户、组织者、节点企业、规则和协议五类要素，这五类要素描述了价值网络中的所有相互作用。物流外包价值网络随着制造企业拥有的资源和能力的不同，其价值定位也有所区别。以下从制造企业的产业价值定位对其物流需求特点进行研究。

产业在英文中还特指工业，所以 industry 同时表示产业和工业。产业是指在完全竞争市场的分析框架内，生产同质产品的、相互竞争的一大群厂商。关于"基础产业"的概念，《中国产业政策研究》报告中明确提出了基础产业包括能源、原材料、交通运输等部门，还包括农业。徐寿波院士提出基础产业是指在人类社会经济发展中起根基性作用的产业，是指为人类社会发展和经济发展打基础的产业，同时指出第二产业中重工业中的采掘（伐）工业和能源原材料工业同第三产业服务业和第一产业农业一样应属于基础产业，基础产业与第三产业之间的关系如图 6-1 所示。

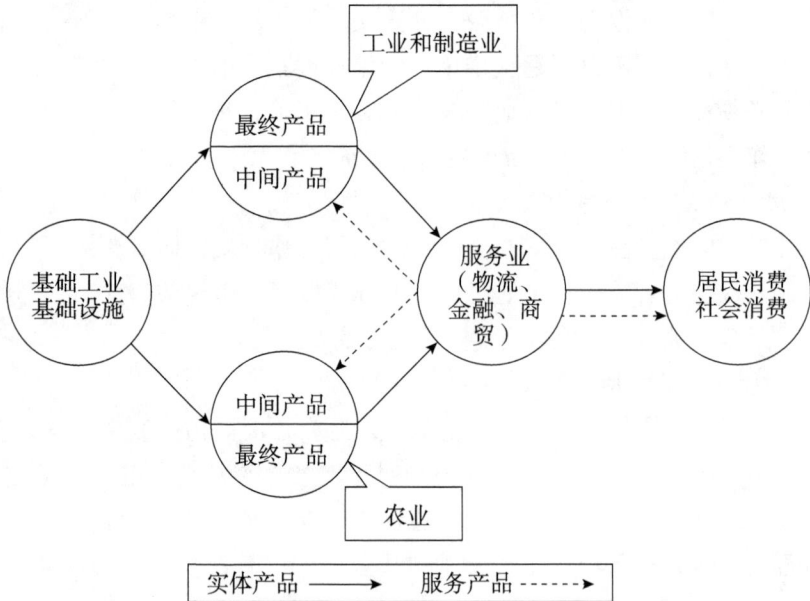

图6-1　基础产业与第三产业之间的关系

1. 农产品生产企业价值定位

农产品是人类生存需要的基础物质产品。农业是工业社会发展的基础，是为人类社会生存提供生活必需的物质产品，为社会经济发展提供轻工业原材料的产业，属于基础产业的范畴。农产品生产不同于工业及服务业产品，在生产过程中对自然条件的依赖性比较明显，农产品生产企业物流过程存在以下几个特点。

（1）农产品生产企业物流资产专用性高。

由于农产品鲜活易腐等特性，在流通环节需要分类、加工、整理等工作，农产品储运过程中部分品种需要特定的容器、设备及技术。农产品生产企业物流过程中比工业品具有更强的资产专用性。此外，农产品受季节、气候等自然条件的限制，其生产周期比工业品要长得多。因此在农产品生产方面的投资回收周期较长，物流市场进入和退出壁垒较大。

（2）农产品生产过程对物流的要求较高。

农产品生产的地域性、季节性和鲜活易腐性，决定了对物流过程中的运输、存储和配送的高要求。同时，由于流通环节中的损耗，使得物流成本上升。

鉴于农产品供应链的特点，要提高农产品物流的水平，必须实行专业化的物流管理，减少农产品供应链环节。农产品生产企业可以通过物流外包策略，与专业的物流企业合作，对农产品供应链在技术和管理方面进行提升与整合。

2. 采掘和能源原材料企业价值定位

采掘（伐）工业，是指对自然资源进行开采的工业。包括森林采伐、石油开采、煤炭开采、金属矿开采、非金属矿开采等工业。能源原材料工业是以采掘（伐）业开采的自然资源为原材料的工业。采掘业和能源原材料工业的生产过程包含物流过程，下面以煤炭物流为例说明采掘和能源原材料企业的物流特点。

煤炭采掘生产的整个运行过程包含着物流过程。煤炭采掘物流系统与生产技术系统联系紧密，物流系统的设计要与生产系统的设计和生产组织结合起来进行，应根据煤炭采掘的技术特点考虑生产和物流的时间组织、空间组织以及各系统之间的配合，特点如下。

（1）物流过程复杂。

煤炭采掘生产的过程是一个地下开采运输的过程，同时还是一个地下建城的过程，其物流系统为人流、风流、水流、动力流、煤炭流、岩石流、材料流七种物流形态并存的复杂系统，不同的物流形态之间既相互联系又相对独立。物流系统的设计不但要考虑工作效率，而且要考虑工作人员的安全。

（2）供应物流占主导地位。

与制造装配型企业不同，煤炭采掘过程中所需材料均为辅助材料，不构成产品实体。所需材料的数量由生产决定，材料的运输路线与煤炭的运输和装运呈反向变动，此阶段物流属于供应物流。根据有关资料分析，供应物流成本约占全部物流费用的70%。

（3）多种运输方式并用。

煤炭采掘企业多是按井田划分而设立，受自然资源分布的支配，由若干个分布于一定范围的生产矿井构成，而且通常远离城镇和交通干线。若实现物料和煤炭的运输，通常要经过多种运输方式转换和多种运输工具进行长距离运输。

（4）物流节点多。

物流节点是指物料移动过程中的停顿点，煤炭采掘所需物料要在多个仓库停留才能投入生产过程，物资储备量较大。煤炭也要经过多次停顿和存储才能发往客户。

煤炭采掘物流特点代表了采掘业和能源原材料生产企业物流的特点。其典型特点为生产过程包含物流过程，受其生产特点和技术的要求，物流活动无法与生产过程分离，与基础设施的建设密切相关。同时由于大宗物资的特点，企业通过自营物流可以实现规模效益，所以采掘业和能源原材料企业的物流自营模式占相当大的比例。

6.2.2 轻工业企业价值定位

工业是继服务业和农业以后发展起来的重要产业，可分为轻工业和重工业两大类。轻工业是指主要提供生活消费品和制作手工工具的工业，按其所使用的原料不同，可分为以农产品为原料的轻工业和以非农产品为原料的轻工业两大类。以农产品为原料的轻工业，是指直接或间接以农产品为基本原料的轻工业；以非农产品为原料的轻工业，是指以工业品为原料的轻工业。轻工业产品使用时效较短、流转速度较快、消费者分布广。轻工业物流与销售活动紧密相连，物流运作模式是成功构建轻工业产品物流的基础。轻工业产品物流对象种类多、物流配送量波动大、订单频繁；涉及领域多、物流质量要求高、库存周期短。物流过程是轻工业品从制造商到消费者之间的流动路径。根据物流服务的提供主体不同，轻工业企业的物流运作模式目前主要有以下三种。

1. 自营为主的物流运作模式

以制造企业自营为主的物流运作模式是指轻工业产品制造企业为了有效控制销售网络，培育消费者对品牌的忠诚度，自建物流配送中心、自己组织物流活动这种模式有利于企业生产和销售的一体化作业，系统化程度较高，可满足企业对外进行市场拓展的需要。

2. 物流联盟配送模式

物流联盟配送模式是指两个或多个企业之间在配送环节为了实现自己的物流战略目标，通过契约而结成的优势互补、风险共担、利益共享的网络组织，共同完成配送活动。这种联盟是企业与市场之间的一种组织形态，是企业间由于自身发展的需要而形成的相对稳定、长期的契约关系。

3. 第三方物流配送模式

第三方物流配送模式是指制造企业把主要物流业务外包给第三方物流企业，通过利用社会化专业物流，完成仓储和配送等任务。物流外包是轻工业企业发展的必然选择。专业化物流企业拥有高效协调的物流网络体系、较完善的专业化物流运作程序，可实现专业化物流配送，提高企业的物流服务水平。该模式能充分利用社会资源，减少固定资产的投资，加速资本周转，实现物流配送环节的高效、专业化。但还存在物流成本不确定性大、提供物流个性化难度大、物流外包信用风险大等障碍。

轻工业产品制造企业的物流业态与商业运作模式密切相关，体现物流业的多样化形态。对于大型轻工业制造企业来说，应在自营物流的基础上不断创新物流模式，借助社会化专业物流，建立网络化的配送中心，提高物流运作效率，降低运作成本，提高物流运作水平。中小型轻工业产品制造企业应根据企业实际情况，以单位价值高、单品配送量大、配送频率较低、产品标准化程度高的商品为切入点，可采取部分外包、渐进式外包，以及逐步全面外包。

6.2.3　重工业企业价值定位

重工业是指对工业原材料进行再加工制造的工业，按其生产性质和产品用途，可以分为采掘（伐）工业、原材料工业和加工工业三类。由于工业是人工生产物质产品的行业，而采掘（伐）业不是人工生产物质产品的行业，它是原材料制造工业的基础，应该列为第一产业，属于基础产业的范畴。因此重工业企业物流主要研究原材料工业和加工工业企业物流。

1. 原材料工业企业价值定位

原材料工业是指向国民经济各部门提供基本材料、动力和燃料的工业，包括金属冶炼及加工、炼焦及焦炭、化工原料、水泥、人造板以及电力、石油和煤炭加工等工业。原材料工业是采掘业和能源原材料工业供应链向下游的延伸。

以钢铁为原材料的生产企业为例，计划经济转型下的钢铁生产企业拥有比较完善的物资集中管理体制，基本建立了一整套科学有效的管理办法。钢铁企业由于对采购资金、储备资金实行集中管理，各类物资用量大，在长期的采购供应活动中，与各供应商建立了战略协作关系，有稳定的采购和供应渠道作为物流发展后盾。钢铁企业物流具有如下特点。

（1）钢铁产品物流运输距离长。

钢铁企业一般接近原材料产地，远离销售地。这使得产品的运输距离远远大于原材料物资运输距离，同时钢铁产品的销售半径较大，销售区域散状分布，但是一旦形成消费市场，消费市场对其需求又相当大。钢铁企业物流更易受到诸多外界因素的制约，不确定性强，难于组织。

（2）铁路运输是钢铁产品物流的主要运输方式。

我国钢铁企业的生产部门一般设在矿区，针对大批量产品的运输，铁路成为大多钢铁企业物流运输的首要选择。从计划经济起，钢铁企业拥有仓储、运输、配送服务等储运设施及铁路专用线，为开展物流配送提供了良好的基础条件。

（3）成品需要进行不同程度的深加工。

钢铁企业的最终客户是制造企业，其产品需求为相关需求。钢铁企业的产品绝大多数还不能直接投入生产使用，使用前还需要通过深加工来满足客户的定制化需求。

（4）销售渠道短，库存水平高。

钢铁的销售物流渠道中间环节较少，一般通过直销或经过一级经销商后直接进入消费领域。钢铁企业为满足销售需要，通常库存水平较高，资金占用较大。

原材料工业是采掘业和能源原材料工业供应链向下游的进一步延伸，例如钢铁、煤电企业是基础产业的衍生物，其物流基础设施和设备的资产专用性决定了其物流市场的进入门槛较高，如专用铁路、专用货场等。原材料工业企业在计划经济下拥有的设施和设备为物流运营提供了良好的基础条件。

2. 加工工业企业价值定位

加工工业，是指对工业原材料进行再加工制造的工业。包括机械设备制造工业、水泥制品等工业，以及为农业提供的生产资料如化肥、农药等工业。加工工业企业可以提供高价值商品、高新技术产品和技术密集型产品，以上类别产品需要高质量的物流服务相配套，同时体现了物流活动的价值增量。

世界工业化的历程大体可分为手工生产、大批量生产、精益生产三个阶段。制造企业所处的市场竞争环境发生了深刻的变化，企业面临的竞争越来越强调基于时间和基于客户需求。制造企业既要从产品制造方面充分满足客户需求，同时又要求产品订货周期尽可能短，并能快速响应客户的多样化和个性化需求。制造企业的生产方式从传统模式逐步转向以柔性自动化生产为基础的各种先进生产模式。

生产管理过程中衍生出四种物流模式，即定制物流、虚拟物流、精细物流和敏捷物流。这四种模式的共同特点都是以满足顾客的物流需求为目标。但其目的及战略等存在差异，四种物流模式的比较如下表所示。

四种物流模式的比较

模式 ＼ 要素	根本目的	关键	战略
定制物流	提高服务水平	物流系统的柔性	差异化
虚拟物流	降低物流成本 缩短物流时间	建立虚拟物流企业	成本领先/时间领先
精细物流	降低物流成本	识别和减少浪费	成本领先
敏捷物流	缩短物流时间	物流系统的柔性	时间领先

以上四种物流模式的战略虽然有所区别，但以其为主的加工工业物流的共同特点如下。

（1）物流需求量稳定和可变并存。

现代化工业生产是大规模生产方式与柔性生产相结合。在客户需求切入点（CODP）前，零部件需求量大且稳定，管理的重点是保持生产过程的高效率，使可变成本控制在最低的水平。CODP前最重要的是稳定，稳定的零部件需求会带来稳定的物流需求、稳定的物流活动和稳定的物流成本。CODP后需求量不确定性增强，此阶段管理的重点是控制制造企业的生产效率和各节点企业订单处理、运输等过程的效率，从而使定制化的产品能快速地满足最终客户。此阶段物流运作不确定性强、物流量随机性大，要求物流时间尽可能控制在最短。

（2）物流设施/设备呈现多样化。

物流的基础设施/设备主要包括基础设施和直接承载并运送的设备两类。基础设施大多是固定的，如铁路、公路、水路、港口、车站、机场等；直接承载并运送的设备大多是可以移动的，如车辆、船舶、飞机、装卸搬运设备等。物流基础设施/设备的类型和规模直接影响到物流的效率和效益。当物流价值增值有限，如果物流成本过高，则会导致利润空间更小，因此，在此阶段要通过物流设施设备的规模化和标准化尽量降低物流成本。较大价值增值的阶段会吸引更多的竞争对手，物流活动应该使价值增值快速实现，通过设施设备的多样化使流速要尽可能快，即具有物流时间最小化的特征。

（3）物流系统刚性和柔性并存。

在加工工业物流系统，企业与上下游企业间长期稳定的合作关系保证了地理位置的长期固定，最佳库存地点、最佳运输路和运输方式经过定量分析和多次实践已经确定下来，并在相当长的时间内保持不变，这说明物流系统具有一定的刚性。物流系统的刚性带来了物流的高效率和稳定性。在供应链的下游，终端客户的经常变动和一次购买的特点，要求物流系统尤其是末端必须具有很大的柔性，来完成物流配送的最后一公里，这也是制造企业目前面临的难点。

现代工业生产的特点决定了工业物流的上述特点，制造企业既要通过细致的生产分工，灵活的生产组织生产产品，又要通过专业化的物流活动将产品输送到国际化的市场。所以工业制造企业必须要建立起以企业核心产品和工序零部件为核心的业务，还要利用社会资源构建起专业化的仓储、配送、运输等物流外包价值网络。

6.3 制造企业物流外包价值网络组织形式

制造企业网络运作的组织形式是区域性或跨地区甚至跨国界的准一体化生产组织形式，根据其可重构、重用、扩充的动态特性，可划分为一主多从、对等关系和网络联邦三种典型的组织形式。结合制造企业物流外包价值网络的组织形式，可分为平行组织形式、联邦组织形式和核心组织运行形式。

6.3.1 平行组织形式

物流外包价值网络运作形式的平行组织指围绕制造企业的物流需求，各节点企业间地位相对平等、独立，通常适合于某一市场机会的产品联合开发及战略合作。平行组织是介于独立的企业与市场交易关系之间的一种组织形态。平行组织中所有的节点企业在平等的基础上相互合作，通过契约关系结成物流作业联合体，在保持自身独立的同时，为价值网络贡献自身特征资源和享有对方特征资源。在物流业务领域进行物流业务资源的优势互补，实现物流要素的双向或者多向流通，并最终达到节约交易费用和优化物流组织结构的目的。

平行组织运行模式（见图6-2）是为了抓住特定的市场机会，由不同的企业提供抓住市场机会所需的、相互补充的竞争力、知识、技能以及资源而构建的。每个成员都是在平等的基础上参与到价值网络，所做出的贡献大致相同，每个合作伙伴能否正常发挥其作用都会影响整个网络的运行。

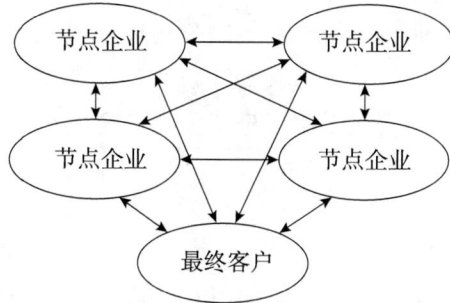

图6-2 平行组织运行模式

平行组织运行模式的主要特征有以下几点。

1. 平行组织的建立以市场为驱动源

平行组织运行模式完全是以市场机会为驱动的，根据市场机会而创立、解散。合作组织提供的产品或服务可以紧跟市场行情，适销对路。组织的目标明确，"按需"构建组织，可以保证企业的高效运转，提高组织有效性。

2. 节点企业间地位平等、优势互补

节点企业是以互补的、具有竞争优势的核心能力构建价值网络进行合作，顺利实现合作伙伴各自的企业核心能力的价值。由于节点企业间的地位基本上是平等的，并不存在上下级的关系，协调主要依靠成员之间的协商机制，其发挥作用离不开合作伙伴之间的有效沟通以及相互信任。在组建网络以前，节点企业的信用状况，是必须要作为重要因素对待的。

3. 关键运作流程的可分解性

平行组织中每个节点企业都是一个独立的利益主体，由于这种组织内部利益的不一致性，对于分解性较高的流程，更容易取得组织预期效果，而对于可分解性较低的流程，则容易引起企业之间的摩擦。因此，节点企业在参与合作时应该认真分析运作流程的特点，决定是否参与以及参与的程度等。

6.3.2 联邦组织形式

联邦组织形式是在平行组织运行模式的基础上建立的协调结构，对网络内企业的资源和技术实行统一计划和管理，负责协调、召集网络成员，并负责网络信息的传递。联邦组织是网络的核心，但是并无决策权和控制权，企业之间依然保持互相平等的关系。通常是由过去具有隶属关系、行政关系和母子公司关系的大型企业集团或跨国集团公司演变成的具有契约关系、委托代理关系的网络联盟，其合作具有长期稳定性。联邦模式组织灵活，有利于不同伙伴之间的指挥和协调，适用于母子公司和集团企业，通常也应用于快速联合开发与推广某种产品。

6.3.3 核心组织运行模式

平行组织运行模式本质上是一种市场机会驱动型的运行模式，其组织是"按需"构建的，生命周期较短。而现实中由某企业主导的物流外包价值网络比较多见，围绕制造企业物流需求构建的物流外包价值网络主要以制造企业为核心构建的核心组织形式。组织由占主导地位的制造企业和相对固定的物流服务供应商等组成，网络由掌握关键技术或资产的制造企业充当核心角色，负责制定网络内成员的运行规则，经营方向和战略，协调成员之间的关系。制造企业根据物流服务的需求，分别与各个企业签订契约并提供以主流价值为主导的价值体系。核心组织中，制造企业提供主流的网络价值，其他卫星成员则主要是向顾客提供与主流顾客价值相关的价值以及为核心企业的顾客价值供给过程服务，在此组织形式中，制造企业作为规则的制定者，其地位一般是比较稳定的，而其他节点企业则具有很大的流动性。核心组织运行模式如图 6-3 所示。

以制造企业为主导的核心组织运行模式主要特征有以下几点。

1. 制造企业的物流任务主导网络

制造企业主导的物流外包价值网络的任务仅来自制造企业。网络强调物

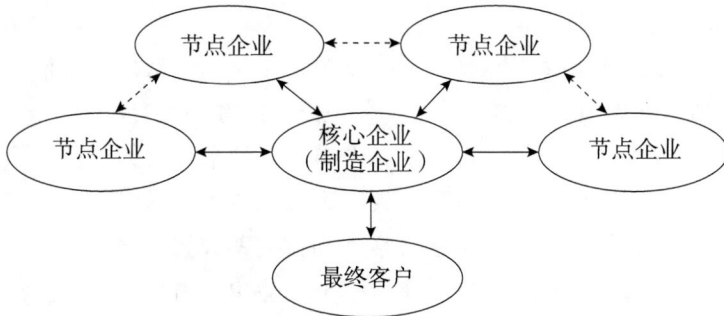

图 6 – 3　核心组织运行模式

流服务需求方的地位，其物流服务需求是网络构建的驱动力。制造企业通过将物流业务交由专业化的企业完成，一方面有助于加强自身的核心业务；另一方面专业化的企业以获得一个相对稳定的市场，提高自身的规模经济效益，进一步加强专业化的高效率运作。

2. 制造企业将物流任务分解进行委托

制造企业主导的网络中，制造企业先将物流任务进行分解，然后分别委托给相关物流服务供应商，此种情形称为一对多委托关系，此种关系也决定了物流外包价值网络的复杂性。

3. 制造企业主导的合同关系为一对多的关系

制造企业主导的物流外包价值网络中，制造企业与其他节点企业均有合同关系。此时，制造企业通过任务分解与节点企业之间的合同关系是一对多的关系。

同时，核心组织运行模式也具有一定的局限性，其适应性和灵活性较低。核心组织的命运更多与处于主导地位的制造企业联系在一起，其他节点企业只是依附于制造企业的物流业务进行一定程度的延伸和为其服务。而随着制造企业物流业务外包，对网络成员的监控难度加大，如果部分节点企业出现机会主义行为，都将影响到整个组织的运营。

6.4　物流外包价值网络利益分配方法

价值网络合作企业间绝对和相对收益的利益均衡始终是合作博弈的核心内容，它对虚拟经营的成败起着决定性作用。如果成员企业合作不合力，则整体大于部分之和的功能整合目标就难以实现；如果联动不互动，则资源互补优势、协同运作优势就难以发挥；如果联手不联心，则合作风险增大、合作收益下降而危及本次合作博弈并影响后续合作预期。从系统运作整体角度看，要实现最优功能整合，并不是合作规模越大越好。

以战略联盟为例，尽管战略联盟能为参与者带来巨大的收益，但联盟的高失败率也是不争的事实。对联盟高失败率的原因，学术界观点很多，撇开宏观环境因素，其共同之处是竞合关系和利益关系处置不当所致。同样，对价值网络而言，利益均衡应作为关键问题予以关注。当两个以上的企业为了实现各自独立运作难以实现的目标而自愿承诺各尽所长进行合作时，首先需要对合作的风险进行分析，以确定是否值得合作，然后就要考虑如何协调合作各方的竞合关系及如何进行合作收益分配，以实现合作系统的动态均衡。

6.4.1 价值网络的风险、协调与收益分析

价值网络作为一种借用外部资源创造顾客价值的运作模式，在众多的文献中，主要强调经营带来的优势和收益。其实，价值网络核心企业在享受专业化及其整合、规模经济和速度优势的同时，也在承担与依靠自身资源创造顾客价值所不同的风险。合作风险问题及由此带来的负面影响不容忽视。此外，价值网络的组织成本、转换成本等也要考虑其中。

6.4.2 价值网络运作的协调分析

价值网络运作的协调指的是合作成员企业之间通过信息沟通、协商以解决利益独立体之间的冲突的制度设计和安排。虚拟合作系统与多智能体（Multi－agent）系统在获得一致性行为的协调机制方面存在一定的相似之处。目前，Multi－agent 系统方面的协调研究主要包括两个方面：一是主动型的协调机制；二是被动型的协调冲突解决模型。其中，Multi－agent 系统的协调机制侧重协调的定性分析，协调冲突解决模型侧重协调的定量分析。

通过借鉴 Multi－agent 系统的协调分析框架，从价值网络核心企业角度，一般协调活动主要包括三个层次。一是组织结构层次。发起企业需要在既定的组织结构范围内对各成员企业的合作角色进行协调，以保证组成完整的价值链。二是子任务层次。发起企业根据合作目标确定合作机制与合作方式后，需要协调成员企业之间的子任务分配。三是运行层次。合作过程中需要对动态的信息流、知识流和价值流进行协调，以实现成员企业资源、能力的无缝集成。协调的基本方法是契约方法（指借助正式的契约手段来规范合作行为，

如合同、协议书等）和行为方法（指借助协商、沟通等行为手段，增进伙伴间的相互理解和信任，使得伙伴能够自觉规范自己的行为）。

价值网络成员企业间的协调、管理决定着其整体目标的实现与整体绩效的大小。由于合作成员总是希望共同决策和管理，但事实上结果并不理想。对于合作成员都想参与管理的问题，麦肯锡公司提出两种办法，一种办法是让一方管理，并给予其完全的自主权，条件自然是看谁具有更高超的管理能力；另一种办法是另建一家完全自主经营的企业，它只对自己的董事会负责。

相对于传统合作而言，价值网络企业合作的协调主要体现在知识管理与协调两个方面。价值网络对知识管理与协调提出了更高的要求。因为合作主要体现在成员企业之间、企业与顾客之间、企业与外部环境之间的知识联系，它要求把知识与合作信息、知识与价值活动连接起来，在信息互动的过程中实现知识的共享，群体的知识和资源进行创新，以赢得知识系统的竞争优势。虚拟合作需要改变产权合作下的思维模式和行为方式，建立基于知识管理的无形资产评估体系。

价值网络的协调是一种模糊协调，不仅合作群体的产权模糊，而且制造企业、经销商、零售商、物流企业之间的组织界限也模糊，通过模糊协调的实施建立知识共享机制，最大限度地利用外部效率而非内部效率满足客户。

6.4.3 价值网络运营的利益分配

价值网络的运营是多个相关利益主体的资源联合过程，利益分配是联结纽带，必须以共同利益的发展保证合作各方的利益。公平有效的利益分配机制有利于调动成员企业合作的积极性，使得合作顺利进行并实现对市场机遇的灵捷响应。反之，一旦成员企业利益受损，则可能导致合作内耗直至解体。因此，多赢的利益分配机制的设计是虚拟经营的一个敏感又关键的问题。

一般地，常见的利益分配模式有三种。①产出分享模式。即成员企业按一定的分配比例系数从合作最终的总收益中分得自己应得的一份收益，这是一种利益共享、风险共担的分配模式。②固定支付模式。即发起企业根据合作成员承担的子任务按事先协商好的酬金支付固定的报酬，发起企业享有合作的其余全部剩余，同时也承担全部风险。③混合模式。即前两种模式的结合，发起企业根据实际的市场机遇的性质、合作机制与合作方式等具体情况结合使用上述两种利益分配模式。在价值网络的实践运作中，以混合模式较为常见。

价值网络企业各成员的获利应随着整个网络效应及各成员的谈判能力而变化,而网络效应与成员谈判能力本身也随着时间而变化。任何一个成员做了一件更好的工作,网络全体成员都可获益,所有对合作网络有贡献的成员都处于团体之中并可以共享利润,除去分享合作网络利润之外,每个成员的收入还包括基本费用,利润分配的基础是团队成员持有的单据数量,单据分配是在它所做贡献的价值基础上算出的,价值网络组织建立时,要填写标准的内部工作协议,其中带有详细的(收益)分配比例和角色分工。

价值网络运营成员企业收益分配既患"寡"(即绝对收益要足够大,成员企业所得绝对收益不能小于其不参与本次虚拟合作时的收益),又患"均"(即相对收益要公平合理,成员企业所得相对收益不能与其投入的资源及承担的风险相左)。合作伙伴的选择是双向选择,核心企业要优化选择能增大木桶容量的长木板以增大合作整体利益,参与企业同样要选择一个最佳合作赢利机遇。当核心企业肯定被选企业的合作价值,同时被选企业对参与合作的绝对收益预期看好时,合作伙伴的双向选择就得以完成。价值网络经营条件下需要根据各成员企业分担的风险和付出的成本确定共赢的分配方案,其基本原则包括以下几方面。

(1)互惠互利原则。即全部收益由各成员企业分享,不存在一无所获的企业。

在虚拟合作过程中,分配方案要保证全体参与企业都能从成功后的联盟中获取相应的利益,否则将会影响成员企业合作的积极性。

(2)风险补偿原则。即成员企业得到的收益应随其承担风险的增大而递增。其中,风险的承担者的收益与其承担的风险成正比,风险的肇事者的收益与其造成的风险成反比。

(3)付出补偿原则。即成员企业得到的收益随其付出的增大而递增。各成员企业在网络运作过程中所负责的价值活动不同,所付出的资源、能力也不同,自然在收益分配时所分得的收益也应有所差别。尤其以数字化财富为产权界定对象,以信息、知识为载体的产权关系是网络经济时代一种新的产权形态,它是无形的信息资本,但可以为合作系统带来巨大的利益,因此,也需要在契约中制定其受益、受损及补偿的规则。

(4)民主决策原则。即利益分配方案是由成员企业群体决策制订。为了利益分配方案的群体决策过程充分体现决策的民主性,使得最后制订的利益分配方案更容易让成员企业接受,有两个思路可供选择,一是在决策过程中先由成员企业从自身角度提出初始的利益分配方案，再由发起企业引导成员企业对所有初始方案进行修正和优选；二是由成员企业集体协商决定利益分配方案。一旦某一分配方案为全体参与企业所认同，就以契约的形式确定下来。

6.5　本章小结

物流外包价值网络描述以围绕制造企业物流服务需求为核心，价值网络如何提供价值给节点企业、最终客户及价值网络的实体是怎样相互联系的。本章主要在前述理论研究的基础上，对物流外包价值网络的运作模式进行了研究。首先从体系论的观点出发，分析了物流外包价值网络运作模式的内涵和运作模式的特点，接着从产业价值定位的角度研究了制造企业物流需求特点，为物流外包价值网络的运作模式提供理论参考，并在此基础上总结了运作模式的组织形式。

7 物流外包风险研究

随着社会分工的进一步深化和物流业的快速发展，物流外包逐渐被供需双方所认可。生产或销售等物流服务需求企业为集中精力增强核心竞争力，将其物流业务以合同的方式委托于专业的物流公司运作。企业将主要资源聚焦在具有核心竞争力的产品生产和研发上，而对辅助性物流活动则进行外包。物流业是服务性行业，其自身运作存在较大风险。近几年，频频发生的物流事故与蓬勃发展的物流服务的矛盾日趋尖锐。我国物流业每年因包装事故造成的损失约150亿元，因装卸、运输事故造成的损失约500亿元，因储存事故造成的损失约30亿元。因此，加强对物流外包风险管理的研究，减少和控制物流外包风险已成为学术界和物流业不可回避的重大理论与现实问题。

7.1 物流外包风险研究现状

分析国内外目前关于物流外包风险管理的研究成果，主要集中在企业选择第三方物流运作的风险管理。另外，有学者针对物流外包的合作风险和道德风险的控制措施进行了研究。具体研究现状如下。

7.1.1 物流外包风险评估研究现状

在物流外包风险评估方面，有的学者认为物流外包风险的指标体系分别是客户关系管理的风险、经济波动的风险、委托代理机制所固有的信息风险、公司战略机密泄露的风险、有可能减少公司学习机会和核心竞争力的培养机会的风险、对物流控制能力降低的风险和企业文化方法对物流外包风险进行评估。有学者认为，物流外包的风险来源于外部环境、内部环境、管理过程、信息传递四个方面。因此物流外包风险预警指标的设置，可以从以下四个方面考虑：一是外部环境风险指标；二是内部环境风险指标；三是管理过程风险指标；四是信息传递风险指标。可利用模糊综合评价方法对物流外包风险进行评估。

刘小群和马士华从物流外包战略制订、选择物流外包代理商和外包合作与实施三个阶段来分析物流外包的风险。

关于物流外包风险因素识别，可针对物流外包的运作流程分为五个阶段。

（1）在物流业务外包分析阶段，存在物流外包市场不成熟以及物流外包目标不明确的风险。

（2）在物流外包决策规划阶段，存在物流业务范围确定不当以及与承包商关系定位不准确的风险。

（3）在物流外包设计阶段，存在选择承包商失误、错误的物流外包决策以及与承包商签订不恰当合同的风险。

（4）在外包实施过程中，存在内部工作人员的抵触情绪以及内部核心技术泄露的风险。

（5）在物流外包终止阶段，不能对物流外包的阶段性结果做出正确评价。

7.1.2　物流外包风险的识别与评价研究现状

对企业物流外包风险进行识别与评价，是有效进行风险防范和控制的基础。

杨俊辉和李亮对物流业务外包风险识别及其模糊评价进行研究，指出了我国物流业务外包过程中风险识别的主要内容，阐述了外包风险的模糊综合评价方法及其应用。

徐娟，刘志学和洪亮运用系统动力学方法建立物流外包风险识别系统，包括风险子系统、绩效子系统和利益子系统的物流外包风险系统动力学模型，并从系统的角度对模型的运行进行了详细阐述，为企业物流外包风险分析提供了一种可行的方法。

单联宏针对企业物流业务外包决策中的市场风险、决策风险、信息风险、经营管理风险、财务风险、满意度风险等方面作为评价的模糊因素，建立企业物流外包的评价指标体系，设定评价指标权重的赋值方法和模糊评价模型。

陈乐群和谢志忠以"委托—代理"理论为基础，分析了物流业务外包双方的相互关系以及外包过程中的委托代理风险识别。

刘联辉提出，由于物流风险的模糊性，应采用模糊风险因素分析法进行风险综合评价。通过对物流外包系统风险因素进行模糊评价分析，确定物流系统风险因素发生的概率。

7.1.3 物流外包风险的防范控制研究现状

目前，物流外包风险的防范控制主要包括事前、事中、事后三个方面。事前指物流服务供应商的选择；事中指外包过程中与供应商的关系处理；事后指对供应商的绩效评估。

罗根（Logan）运用委托代理理论对第三方物流事前逆向选择及事后道德风险问题进行了探讨。阿加札德（Aghazadeh）提出了一个选择第三方物流服务供应商的"五步骤"优选方案：第三方物流需求决策，制订标准和目标，筛选、选择最佳第三方物流提供商，新的伙伴关系启动。

杨国军建立了一个由三个层次构成的物流外包风险控制模型。第一层代表风险控制的战略导向；第二层确定实现风险管理目标的业务机制；第三层指明实现第二层目标的具体策略。

储力建立了一种时效性产品物流外包风险控制机制，由选择、管理和奖惩机制构成。选择机制包括物流服务提供商选择、外包业务选择与合作关系与资产专用性；管理机制包括外包合同管理、组织和过程管理；奖惩机制包括评估机制、利益与风险机制。

通过对物流外包风险管理研究成果的总结，可以认为该项领域的研究成果还不够全面，尚没有形成较完整的理论体系，其不足主要体现在没有构建系统的、完整的物流外包风险管理理论框架，没有设计一套完整的物流外包风险因素识别的方法和现有的物流外包风险防范策略，没有从物流外包企业和社会的角度提出系统的防范策略。

7.2 物流外包风险机理

7.2.1 物流外包风险的概念和类型

1. 物流外包风险管理的概念

物流外包，即生产或销售等企业为集中精力增强核心竞争力，而将其物流业务以合同的方式委托于专业的物流公司运作。物流服务需求企业不再内部运作物流，而将物流业务交给第三方物流企业，以整合和利用外部资源、降低成本、强化核心能力、提高企业的应变能力。

风险管理，即对可能出现的各种风险进行识别、测定和分析评价，适时采取及时有效的方法进行防范和控制，以经济、合理、可行的方法进行处理，以保障活动安全正常开展，保证其经济利益免受损失的管理过程。风险管理是一个符合一般管理逻辑的连续过程，主要包括风险意识建立、风险的辨别、风险的评估、风险防范方案的制订、风险处理、控制与反馈。

物流外包风险管理是指企业在物流外包管理过程中，运用各种工具和方法来识别其面临的风险，按照一定的方法和程序，采取规避、分散、转移等控制手段，从而达到降低、消除风险或减少损失目的的经济性活动。企业物流外包风险管理是一种特殊的管理功能，管理的对象是企业物流外包管理的全过程，通过对风险的认识、衡量、预测和分析，考虑到种种不确定性和限制性，提出供决策者决策的方案，力求以较少的成本获得较多的安全保障，或者说以相同的成本或代价获得更多的安全保障或更少的损失。

2. 物流外包风险的特征

（1）传递性。

物流外包系统的各个环节是彼此密切联系并且相互影响的，其中某个环节出现问题也会对其他的相关环节产生影响，最终对整个系统产生影响。传递性指的是在各个功能节点间的传递，实际上给整个系统带来很大的威胁。

（2）实际运作性。

物流外包风险实际上可以被看作是一种实际运作风险，因此物流外包风险研究首先要对整个系统的运作有所了解，在研究的过程中应该保持和运作物流外包系统的工作人员的沟通，从而更好地发现风险。

（3）复杂性。

物流外包系统由多个企业构成，企业内部的多个部门、多个业务流程使得整个系统的复杂性增加，系统可能受到的影响来源的多样化从而使得风险的复杂性增加。

（4）随机性。

物流外包风险事件的发生及其后果都具有随机性。风险事件是否发生、何时发生、发生之后会造成什么样的后果，这是不以人的意志为转移的。如承包方的仓库突然失火，运输车辆交通堵塞无法按时抵达等。

（5）突变性。

物流外包风险的突变性是指风险的发生不是连续的，而是具有离散的、全面的、突如其来的、无规律可循的特点。如物流产业政策的变化，市场需求的不确定性等。

(6) 联动性。

企业物流外包风险的联动性是风险因素之间的关联性，即一个风险因素可能诱发其他风险发生。在企业物流外包过程中，外包方和承包方是以契约的形式联系在一起的，一方发生风险，必然波及另一方。同时企业的物流业务也是环环相扣的，如材料运输出了问题，必然影响到安全库存，进而影响到生产的连续性、市场销售和服务水平等。

7.2.2 物流外包风险的成因

1. 成本风险形成机理

企业采用物流外包首先可以降低成本风险，第三方物流服务供应商不仅有丰富的物流经验，可经济合理地完成制造企业的产品运输。其次，第三方物流服务供应商大多具有企业物流信息系统，拥有相应的物流网络，可以最大限度地利用运输和分销网络，为制造企业提高运输效率，降低运输成本，快速高效地完成物流服务。

2. 经营风险形成机理

企业进行物流外包时，可以通过外向资源配置，分散由政府、经济、市场、财务等因素产生的风险。制造企业利用第三方物流服务供应商的专业和规模优势对物流资源进行整合，可以更好地控制其生产经营活动，并在生产经营活动和物流活动中找到一种平衡，保持两者之间的连续性，使企业的物流成本和总成本都达到最低，从而使企业的经营风险得到分担。

3. 新产品的开发风险形成机理

在市场和技术不断变化的环境中，制造企业通过物流业务外包，可以与第三方物流服务供应商建立战略联盟合作关系，利用战略伙伴的优势资源，缩短产品从开发、设计、生产到销售的时间，有利于提高新产品的质量和开拓市场的成功率，从而有效降低新产品的开发风险。

4. 管理风险形成机理

物流外包管理风险是由于企业把物流业务外包给物流服务供应商后，由于两个企业之间的管理模式存在差异造成的管理风险。首先是因为企业的物流管理者不能处理好与物流服务供应商的关系，以及二者协调问题。其次是因为企业对物流服务供应商的失控。企业必须在使用一个物流服务供应商还是多个物流服务供应商之间进行博弈。最后是由于企业间的文化差异所带来的管理风险。

5. 信息风险形成机理

物流外包合作过程中，外包企业与物流服务供应商之间的沟通问题或信息失真等问题增加了业务外包的难度。同时也有些企业由于只是短期合作而不愿将信息共享，更使得合作无法进行。在双方合作中存在信息不对称，彼此对对方都不能做到完全的信息共享，也给合作带来了难题。

6. 财务风险形成机理

企业进行物流外包业务的同时也带来了财务风险。首先由于在外包初期，企业不能对物流服务供应商提供服务所需的费用有所了解，还有其他一些隐性成本。其次在物流外包过程中，物流服务供应商的库存管理费用也很模糊，有很多费用企业管理者未曾考虑到。当物流外包合作结束后企业所需费用的总额明显增加，才发现成本严重超支，往往企业不能达到外包所期望达到的目的。

7. 市场风险形成机理

市场风险是由于受国内外经济环境和物流政策的影响，物流市场价格波动，企业把物流外包给物流服务供应商运作后，企业的物流创新能力有所降低，形成了企业物流外包市场风险。一旦企业失去了物流创新能力与物流经营管理创新能力的动力，企业将过分地依赖物流服务供应商，在合作中处于不利地位。

7.2.3 物流外包风险的分类

1. 按物流外包风险阶段分类

（1）管理风险。

物流管理风险是指企业物流外包决策、运行以及企业把物流业务外包给第三方物流服务供应商后，企业与第三方物流服务供应商之间由于管理体制、企业文化、协调等方面存在着差异，由此造成合作上的风险。企业进行物流业务外包的目的在于集中力量经营核心业务，快速响应市场的需求，提高企业自身的核心竞争能力。但在决策过程中，企业往往不能准确地判断外包的物流业务是不是核心业务，是"选择性外包"还是"完全性外包"。在合同的实施过程中，物流业务外包企业和第三方物流服务供应商之间由于文化与观念上的差异，管理风格和行政制度各不相同，相互之间缺乏有效沟通；企业在将物流业务外包后，其生产运营便在一定程度上依赖于第三方物流服务供应商的绩效，由于未建立有效的服务绩效评价体系，无法对物流外包的日常运作及服务供应商做出有效的评估，当第三方物流服务供应商在企业物流业务方面深度介入后，从采购渠道的调整到市场策略、从经营现状到未来预期、从产品转型到客户服务策略等企业机密均将外泄，致使企业的某些控制权失控。因此，企业将物流业务外包获得收益的同时也意味着企业对物流业务的控制在削弱，导致第三方物流服务供应商具有了与企业讨价还价的能力，还有可能降低他们提供的物流服务质量。从长期来看，由于对物流活动管理的失控可能阻碍核心业务与物流活动之间的联系而降低用户满意度，对企业形成潜在的威胁。

（2）财务风险。

物流财务风险是指物流外包企业从外包决策开始到外包运作结束的整个过程中，由于内、外环境的变化使成本核算困难、成本模糊，导致严重超支，企业达不到预期效果。物流外包企业在选择第三方物流服务供应商时，许多外包企业忽略了与物流服务供应商进行谈判和起草合同时所需的费用；在物流外包业务运行过程中，运输、仓储、装卸搬运和配送等环节发生的费用也很模糊；企业的物流业务从由企业自己运作到外包给第三方物流服务供应商后，许多企业通常只考虑可见的费用，直到整个物流外包业务完成后才清楚所花费的总费用，当所有物流外包业务完成后，所需费用总额显著增加。

（3）市场风险。

物流市场风险是指由于物流外包市场的不成熟、物流市场价格波动等导致企业把物流外包给第三方物流服务供应商运作后，企业的物流创新能力有所降低而导致的企业物流外包风险。物流业务外包在国内第三方物流市场相对较新，物流外包市场的不成熟将导致第三方物流企业运行的混乱，这必将增加物流服务供应商选择的风险、外包运作过程中的监控成本以及更换物流服务供应商的转换成本。同时，受国内总体经济环境和物流政策的影响，物流市场价格在某种程度上也将受到一定的影响而产生波动，物流市场价格的波动进一步增加了物流业务外包决策的不确定性和对外包费用的关注，而并非本企业的物流创新能力。如果企业失去物流技术创新与物流经营管理创新的动力，那么企业的物流运作将过分依赖于第三方物流服务供应商，在合作中处于被动局面。

（4）信息风险。

在物流外包过程中，信息风险是构成物流业务外包风险的重要因素之一。信息风险是指物流外包合作过程中，随着执行主体的转移，外包企业与第三方物流服务供应商之间沟通不畅、信息反馈滞后、信息失真等在某种程度上增强了物流外包合作的信息不对称性，主要表现为信息的不对称性以及信息泄露。信息不对称性的表现形式主要有信息在时间和空间上的不对称。时间上信息的不对称是指信息的提前性或延迟性（所有的信息内容是可以测量的，只是在特定的时间段上对这个时间段的信息测量不完全或偏离该时间段信息的需求），造成时间上信息不对称的主要原因有物流外包企业对本企业、物流服务供应商以及其他外部因素等影响物流收益的信息观测存在时间上的偏差从而导致信息的失效。另外，物流外包企业对物流信息共享的及时性以及准确性也会给物流外包企业的决策带来风险。空间上的信息不对称性是指物流外包企业对各种信息影响物流收益的程度判断出现偏差而导致的风险，例如把电子物流的信息作为农产品物流决策的重要信息之一。信息泄露是指物流外包企业在未曾与物流服务商沟通的情况下调整了产品结构，而物流服务商仍然以原来的模式提供物流服务，可能导致物流运作的某个环节受阻。若告知物流服务供应商，一旦其不慎泄露给物流外包企业的竞争对手，会给物流外包企业带来巨大的损失。

2. 按物流外包风险来源分类

（1）外包依赖性风险。

企业需要在依赖单个第三方物流服务供应商和多个第三方物流服务供应商之间权衡。选择单个第三方物流服务供应商可以减少企业的交易成本，提高物流服务质量，但企业难以控制；选择多个第三方物流服务供应商，又使企业的交易成本增加。

（2）外包可靠性风险。

在双方洽商物流外包协议时，物流服务提供者为了获得物流业务、迎合购买方的物流需求，往往会夸大物流服务能力。如果外包企业缺乏有效的外包评价机制，很可能导致物流服务供应商选择不当。一旦物流服务供应商不能履行承诺，一种情况是物流服务水平下降，委托企业形象和市场份额必将受损；合作双方难以建立和维护信任机制，从而危及双方合作关系。另一种情况是在合同期内，物流服务供应商因资源受到较大的损失，导致其实力受到很大的损失，在余下的合同期内则有可能无法为用户提供规定的物流服务或者提供的服务质量下降。

（3）外包控制性风险。

物流外包使企业失去对物流服务的直接控制，使企业不能保持物流运作全过程的可控性，导致物流系统输出的不一致、产品的可得性降低。

（4）外包信息风险。

物流外包后，企业的很多信息势必要让物流服务供应商知晓，如采购计划就涉及企业的生产经营计划、新产品开发等商业秘密，有些信息属于企业的核心信息，如果这些信息外泄，将会给企业带来相当大的风险。另外，企业的很多信息也是由物流服务供应商来提供，如市场需求信息、销售预测信息、库存信息等，这些信息属于保密的信息，物流服务供应商的参与扩大了信息的传递范围，使信息更容易泄露。

（5）委托—代理关系的固有风险。

由于信息不对称和信息不完全，委托人往往比代理人处于更不利的位置，从而不可避免地给委托人带来一定的信息风险，比如大多数物流服务供应商由于自身服务能力的限制，往往需要寻找二级甚至三级物流服务供应商，外购部分物流服务，这就可能造成信息传递的延迟，信息传递的延迟会增加货主企业物流外包的风险。委托—代理关系所固有的风险主要指两种情况。①逆向选择，即货主企业在选择第三方物流服务供应商时，第三方物流服务供应商掌握了一些货主企业所不知道的信息（如内部管理问题等），而这些信息可能对货主企业是不利的，因此第三方物流服务供应商在与货主企业签订了对自己有利的合同，致使货主企业的利益受损。②道德风险，即货主企业与第三方物流服务供应商在签订物流外包合同之后，由于货主企业不可能观测到第三方物流服务供应商所有的行为，此时第三方物流服务供应商为了自身的利益可能采取不利于货主企业的一些行为，从而损害了货主企业的利益。如为了降低配送成本不按规定的时间配送，为了满足能带来收益的客户而降低对其他客户的服务质量。

3. 按物流外包风险成因分类

（1）选择外包合作伙伴的风险性。

在企业物流业务外包中，遇到的首要问题就是物流业务外包给谁，也就是外包合作伙伴的选择问题。外包战略合作伙伴的选择通常是为了降低企业的运营总成本，降低库存水平，使企业能集中精力发展核心业务，以实现财务状况、质量、交货期、用户满意度和业务的改善和提高。选择合适的物流服务供应商是生产企业能否在竞争中取得成功的关键。

（2）管理外包合作伙伴的风险性。

在选择物流业务外包伙伴后，企业必须要对其进行动态的考核与监管。

但在实际中，很多企业中关于合作伙伴的绩效考核机制不完善，导致有些企业对物流服务供应商过度放任，过于强调物流服务供应商的独立性，过高估计了相互之间的关系，给了合作者更大的行动空间，但忽视了潜在的风险，缺乏有效的监管机制，造成对物流服务供应商的失控，最终影响到业务外包的效果；也有些企业对物流服务供应商监控过严，引起了物流服务供应商的不满情绪，失去了对企业的信任，从而中断与企业的合作关系，企业则不得不重新选择外包合作伙伴，贻误了市场时机，造成不必要的损失。

（3）财务评估问题的风险性。

在物流内部各环节，如订单处理、采购、仓储、运输等环节，也有一系列的沟通、协调和配合工作。如果需要将物流业务外包，这些内部协调工作如何外部化、如何量化、如何进行财务统计和结算，都是摆在管理者面前的问题。此外，目前全面外包物流在我国还处于发展阶段，市场并没有一套成熟而完备的价格体系供参考。因为对物流成本没有太多实际数据，外包的效益也无从比较。

（4）核心数据失控的风险性。

由于物流与资金流、信息流的密不可分，物流部门与其他部门的紧密关联，物流环节中包含大量公司的机密数据，包括销售数据、库存数据、客户订货数据，客户分布和渠道，客户折扣和产品价格等。物流外包，意味着与物流一体的信息也会被第三方物流公司掌握，意味着公司信息平台需要与第三方物流对接。如何确保信息的安全和公司数据的稳定，防止核心数据失控的风险也是在第三方物流业务外包实践中需要解决的问题。

（5）企业内部员工的风险性。

企业物流业务外包往往会影响企业的内部业务流程，随着物流外包范围的扩大，企业要对现有资源进行重新组合，对不同的部门进行整合。企业资源的重新配置问题其实就是利益的再分配。对于触动利益的部门，大多持反对意见和不合作态度。另外，企业相关职工也会担心失去工作，从而直接影响到他们工作的责任心、积极性，对企业正常的生产经营产生负面影响。

（6）被竞争对手模仿和赶超的风险。

企业物流业务外包过程中，企业还面临着协调技能被别的企业模仿的风险。这是因为企业在协调外包环节价值链的过程中，依赖的是供应商网络，当某一个物流服务商基地不复存在时，企业必须快速地创造出一个新的基地。另外，当企业的物流服务商能力非常强大时，企业可能会面临更严峻的竞争性挑战，使企业物流外包业务受到严重的破坏，企业在这一变化过程中，失去了原来的核心竞争力和优势资源，从而被竞争对手模仿和赶超，给企业造成严重后果。

7.3 物流外包风险管理的实施

7.3.1 物流外包风险的识别

1. 物流外包风险识别因素

物流外包风险识别的因素主要有事件和原因、责任、工具和技术。

（1）事件和原因。

风险识别的事件主要是针对能使风险产生的事件，由于风险事件和风险是存在因果关系的，所以可根据它们的因果关系来对事件进行识别并且识别出它潜在的影响大小。当对物流外包的风险事件进行识别的时候，要对这些事件的原因和背景也做出识别。产生一个风险事件可能是由多个因素诱发的，所以对于每个诱发因素都要做出识别，对于风险来说最明显的特征就是风险因素，实际引发风险管理的原因也是风险最重要的一个方面，必须对这些引起风险的原因进行预先的管理。

（2）责任。

物流外包企业在实际的运营中应该担负起识别和处理风险的能力。物流外包风险管理团队的设立能够更好地实现对风险的识别和处理，除了企业中专门的风险管理者外，风险咨询管理机构和相关的技术专家也可以协助进行风险识别分析等工作，以便对风险进行更好的管理。

（3）工具和技术。

对于物流外包的风险识别像用于其他风险识别的工具和技术在这里也是适用的，对于一些用于项目风险识别的技术也都可以拿来作为参考。分析和专家调查方法是经常用到的。在实际中应用的时候，为了对风险进行更好的识别，通常都会设立一个物流外包风险管理小组，但是这个小组对小组成员的构成和工作方法都有比较高的要求。

2. 物流外包风险识别方法

（1）企业风险问卷法。

企业风险问卷又称为风险因素分析调查表。企业风险问卷法是以系统论的观点方法来设计问卷，并送给负责物流外包的各类人员去填写，由他们回答本次外包所面临的风险和风险因素。一般来说，负责物流外包的基层员工亲自参与到物流外包业务运作的各环节，他们熟悉物流外包作业的细节情况，对瓶颈作业最为了解；而负责物流外包的管理人员，从宏观上把握物流外包业务开展和资金运作情况。这两者的有机结合，既能为风险管理者提供许多有价值的、细节的、有关局部的信息，又能帮助企业物流外包风险管理者从宏观整体上来系统地识别风险，准确地分析各类风险。

（2）环境分析法。

环境分析法是一种识别特定企业风险的方法。企业风险管理者通过分析企业内外环境条件对物流外包经营活动的作用和影响，发现风险因素及可能发生的损失。企业的外部环境主要包括市场的变化、资金来源、竞争者、政府管理者等；企业的内部环境则包括生产条件、技术水准、人员素质、管理水平等。

在对各方面进行分析的基础上，重点考虑的是它们相互联系的特征及这些联系的异质性和稳定性。企业内外环境因素的相互关系及稳定程度对物流外包的影响是举足轻重的，分析这些因素之间的联系及其结构，以及一旦因素发生变化可能产生的后果，就能发现面临的风险和潜在损失。

（3）财务报表法。

财务报表法就是根据企业的财务资料来识别和分析企业每项财产和经营活动可能遭遇到的风险。企业的资产负债表、损益表、财务状况变动表和各种详细附录就可以成为识别和分析各种风险的工具。

物流外包的运作目标就是通过第三方物流公司向企业提供快捷的、满意的物流服务，使企业获得最大利润。因此，作为一个以追求利益最大化为目的的经济组织，物流外包的风险管理可以使用资产负债表、损益表、财务状况变动表等来识别和分析其物流外包过程中的各种风险。

（4）损失统计记录分析法。

损失统计记录分析法是利用以往的损失统计记录识别将来可能重复出现的类似损失。由于这种方法只能发现与已发生过的损失有关的某些风险，因此和其他方法相比，所能揭示的风险也许会少些，但这种方法能够识别其他方法不能发现的某些风险。此法用于企业物流外包风险分析，在有足够数量的以往损失统计数据时，风险管理者还可利用这些数据进行企业物流外包风险损失与成本预测。

7.3.2　物流外包风险评估

物流外包风险评估的指标选择原则如下所示。

1. 指标体系的设计原则

（1）全面系统的原则。

选取的所有指标应尽可能展现评价物流外包风险的各种特征，特别是对于主要影响因素既不遗漏也不重复，保证整体评价时能够全面地反映情况。

（2）充分必要原则。

各指标应是最主要的和必不可少的，各个指标之间应尽可能相对独立。

（3）定性指标和定量指标相结合的原则。

影响物流外包风险的因素大都是无法用定量指标来描述的，因此选用定性和定量相结合的方法是非常必要的。

（4）科学的原则。

指标的选定在理论上应该有足够的根据，能够客观、真实地提供物流外包在某一方面的信息，科学地反映这一方面风险的大小。

2. 评价指标的选择

根据以上对物流外包风险评价指标体系的原则，可从以下几方面构建指标体系。

（1）外部环境风险。

外部环境风险主要包括不可抗力的自然环境因素、国家对物流行业发展的宏观政策；物流服务需求趋向、外包市场的成熟程度、物流行业的竞争激烈程度等的市场环境影响。

（2）信息风险。

物流外包合作中，企业与物流外包服务商之间可能会出现沟通不畅、信息反馈滞后、信息失真等现象，导致在整个物流外包合作过程中形成信息风险。主要表现为信息的不对称性；商业机密的外泄。

（3）管理风险。

物流外包的管理风险是指企业物流外包的管理决策，以及企业把物流业务外包给物流外包服务商后，外包企业的企业管理模式与物流外包服务商的企业管理模式之间存在着差异，由此造成合作上的管理风险。主要包括企业文化的兼容性，外包服务商的控制力度，决策风险，绩效评价机制的合理性。

（4）财务风险。

财务风险主要包括交易成本的控制；外包业务成本核算的准确度，隐含成本的控制。

7.3.3 物流外包风险的防范

1. 企业物流外包风险的防范策略

（1）加强物流外包业务管理。

设立动态的外包风险管理机构，在识别企业核心竞争力的同时选择合适的外包模式和第三方物流服务供应商并对整个物流外包业务流程进行监督管理。不同的外包模式具有不同的风险程度。根据外包企业享有物流外包业务产权（是指财产所有权和与财产所有权有关的财产权）的大小可以把物流业务外包分为合同外包、合作外包、合资外包和独资外包；根据外包的程度不同可分为部分外包和全部外包。因此，企业在进行物流业务外包决策时，应以企业战略目标为基础，在对企业内部组织结构进行调整的同时，选择合适的外包模式，以控制外包风险。在对第三方物流服务供应商的选择过程中，对外部的潜在物流供应商进行调查、分析、评价。调查物流供应商的管理状况、战略导向、信息技术支持能力、自身的可塑性和兼容性、行业运营经验等，在评价其从事物流活动的成本状况、长期发展能力及其信誉度的基础上选择几个合适的外包伙伴进行分散外包并建立灵活的合同机制。在合同的履行过程中，应加强对第三方物流服务供应商的管理与监督。在一定条件下，物流外包企业应建立第三方物流企业的绩效评价体系，对第三方物流服务供应商的业绩、质量控制、成本控制、用户满意度、企业文化等方面进行系统的评价，一旦发现某个供应商出现问题应及时地调整企业物流业务外包的策略。

（2）建立与第三方物流企业的协调机制。

第三方物流企业与物流外包企业应该视彼此为战略伙伴关系，而非交易关系，这是保证物流业务成功运作、防范风险的一个非常重要的前提条件。外包物流业务是多环节、多通道、复杂的系统。在物流外包业务的运行过程中，由于内外环境的变化，物流业务外包企业和第三方物流承包商之间在合同的实施过程中，很容易发生一些突发事件，容易引发摩擦。因此，首先，必须建立与第三方物流企业协调的机制。企业管理者应尽力实施双赢策略，即采取有益的对话和沟通，把问题确定为中立的、公开交流的以及避免威胁的状态。其次，引进第三方顾问是一个常用的解决方式。当冲突激烈并且持续时间较长时，双方成员会出现多疑和不合作现象，这时可从组织外部引进专家型的第三方顾问，充当调解、解释、沟通和矫正信息的角色。事实证明，这种做法在很大程度上可促进建立合作的态度，并且减少后续冲突的发生。最后，促进外包双方的相互学习，有利于双方减少误会、达成共识。

（3）建立信息共享机制。

信息风险是构成物流业务外包风险的重要因素之一。为了避免潜在的信息风险，企业应改进物流运作方案缩短外包链，在降低物流外包链的"牛鞭效应"的同时合作双方应该建立信息共享机制。在物流外包过程中，合作双方通过信息技术建立信息共享系统，通过互联网或者 EDI 技术减少信息传导过程中的扭曲，使运输费用、运输计划、运输需求、生产计划等一些关键指标双方能及时、准确地获得并进行相应的处理；合作方在信息共享的同时应签订互相保密协议，一旦泄露对方的商业机密将承担相应的法律责任。

（4）运用科学的方法选择物流服务提供商。

选择物流服务供应商是一个复杂的过程，要从众多的第三方物流企业中选到能满足企业要求的物流服务供应商是比较困难的。一般可采用直观判断法、招标法、协商选择法和层次分析法等方法进行选择，这些方法各有优缺点，企业应根据自身物流业务的特点选择使用。但根据实践经验，招标法应用较多，层次分析法较为科学，招标法和层次分析法结合使用效果更好。

（5）加强物流服务商的绩效管理与监督。

企业具体执行物流合作方案时，必须在明确合作各方的工作任务的基础上，根据合作目标制定完成各项任务的规则和要求，并按照相应标准对工作绩效进行适时评估，当物流合作中出现问题时，就可以及时进行协商改进，避免事态的恶化和造成严重损失，从而防范合作风险。供应商的绩效评价是运用数量统计和运筹学方法，采用特定的指标体系，对照统一的评价标准，按照一定的程序，通过定量、定性分析，对第三方物流服务供应商在提供服务期间各项物流服务的业绩，做出客观、公正和准确的综合评判，真实反映第三方物流服务供应商的服务现状，以便建立适宜的持续改进机制。

然而绩效评估和衡量机制不是一成不变的，随着企业的发展，企业需求会不断发生变化，合作双方需对绩效评估和衡量机制进行及时修改，以适应企业总体发展战略的需要，促进战略的逐步实现，提升竞争优势。企业不断对供应商进行考核的过程正是促使第三方物流服务供应商的核心能力得到长期、持续、稳定的发展过程。在企业与第三方物流服务供应商明确了责任后，监督极为重要。

（6）强化企业物流外包双方合作关系管理。

建立完善的危机处理体系，当确实遇到风险时，能积极做出恰当反应、处理，对提高第三方物流自身的声誉也有益处。第三方物流合作风险管理的核心是加强第三方物流合作中激励约束机制、风险防范机制、信任机制、协商机制的建设。总之，企业在选择物流合作伙伴时，要对其进行全面的考察、评估，确保选择到合适的物流供应商。选择好物流供应商后，必须对其运作进行严格监督，对其运作绩效进行及时考评，并提供紧密的合作，同时运用适当的激励机制促使第三方物流企业不断改进业务流程，采用新技术，提高服务质量，降低服务成本，从而使双方合作更加圆满成功。

（7）企业应加强物流外包风险管理专项工作。

企业应将物流外包风险管理的基本流程分为风险的识别、风险的计量、风险管理决策、风险管理决策方案的执行、风险管理后评价五个动态的阶段。由于物流外包风险管理工作纵向贯穿物流外包活动的始终，同时也横向与企业各部门的工作紧密相连，因此有必要设置专门的物流外包风险管理经理。物流外包风险管理经理应该与物流采购经理一样为企业物流活动的成功进行工作，并享有相应的责、权、利。

2. 物流外包风险防范方法

物流外包不仅对企业有非常重要的意义，而且对国家经济发展也是非常重要的，它能够起到完善经济结构、提高国民经济总体运行质量和国家经济竞争力的作用。这也就说明了物流外包风险社会防范的必要性。物流风险社会防范是指全社会为物流外包提供风险防范的环境、分摊物流运营商的风险或承担一部分风险损失，这里的社会，既包括政府，也包括相关行业，如金融、保险、教育、政府等。

（1）政府为物流外包提供信息引导，减少物流外包过程中的信息不对称。

风险来源于不确定性，而不确定性又与信息相关。信息越真实、越完整，则物流企业面临的风险便越小。因此，政府或社会为物流发展提供信息指导是十分必要的。这种信息指导包括通过政策引导、信息中心的信息服务、新闻传播、技术咨询、科技统计、技术交流等方式来进行。信息中心提供动态的技术信息和物流需求信息；物流咨询则是更高层次物流信息服务，它不仅提供信息，而且具有分析和辅助决策功能。政府应加强对物流企业的信用管理，为物流外包企业提供真实准确的物流企业信用等级，从而使物流外包企业信息源多样化、信息渠道畅通，防范和控制物流外包风险能力大大加强。

（2）加强物流基础设施建设。

政府应继续加强物流基础设施的规划与建设，尽快形成配套的综合运输网络、完善的仓储配送设施、先进的物流信息网络平台等，为现代物流发展提供重要的物质基础条件。政府应重视对物流基础设施的规划，规划工作要充分考虑物资集散通道、各种运输方式衔接及物流功能设施的综合配套。物流基础设施的建设要充分发挥市场机制的作用。在全面规划和充分论证的基础上，鼓励国内不同所有制的投资者和外商投资企业参与物流基础设施的建设。物流基础设施的建设，要兼顾近期需要和长远发展，注重硬件建设和软件管理相结合。政府部门对公益性物流基础设施的建设，应在土地、税收、资金等方面提供优惠政策。

（3）政府应加大物流服务提供商采标力度。

政府应积极推进物流标准化的实施，主要应从物流企业标准、物流企业分类标准、托盘标准、信息化标准等方面入手。物流服务供应商要着重推行各种标准，保障物流服务的质量，减少企业物流外包风险。

（4）及时出台有关第三方物流法规。

政府要继续提高对发展物流重要性的认识，明确自己在发展物流中的作用，在加快现代物流发展的同时，应尽快建立一套适合我国国情、符合国际惯例的现代物流法规，建立统一综合的国家物流管理机构，结束不同物流环节有关管理部门各自为政、相互之间有矛盾且难以协调一致的局面，努力为物流企业的发展提供完善的公共服务，消除物流发展过程中的各种障碍与风险，为发展物流创造宽松的运行环境和良好的体制环境。

（5）保险行业积极开展物流外包保险。

从理论上讲，哪里有风险哪里便有保险。但是由于物流外包企业面临的风险繁多，种类复杂，既有投机风险，也有纯粹风险；既有自然风险，也有人为风险。因而，物流外包业务保险即使在发达国家也因存在诸多障碍而未能有效拓展。诸如物流企业外包风险的评价、外包风险责任的认定、保险费率的确定、损失的估测均极为复杂。尽管如此，物流外包业务保险仍然不失为一种防范和转嫁物流企业风险的好方法，有大力发展的必要和空间。

（6）增强行业协会的作用。

在市场经济条件下，行业协会作为连接政府和企业的桥梁和纽带，具有不可或缺的作用。一方面，过去政府不该管，或者单靠政府难以管好，但从企业和社会发展需要来看，又需要有人管的职能，应该由行业协会来承担；另一方面，企业成为市场主体后，面临着更加复杂多变的竞争环境，需要建立新的社会沟通机制和利益保障机制，很多工作仅靠单个企业难以做到，即便能够做到也会付出较高成本，应该由行业来承担。我国的物流行业组织在推进物流标准化发展、推进物流技术进步、人才的培养等方面都应该发挥重大作用。加强对物流服务供应商的行业信誉监管，为物流外包企业提供真实可靠的信息，减少物流外包过程中的逆向选择，推动物流服务供应商和物流外包企业互动发展。

7.4　本章小结

企业实施物流外包策略在增强核心竞争力的同时，也伴随着风险。物流外包风险研究是企业风险管理的重要内容。本章系统地分析了国内外企业物流外包风险问题研究的现状，指出了其中存在的不足，并对物流外包风险研究进行了展望，旨在进一步推进企业物流外包风险研究，对物流外包活动的风险进行了分析和研究，并提出了相应的规避策略。对于深化供应链企业协作、降低物流外包的风险、提高企业的市场竞争力有着重要的理论和实践意义。

8 物流外包价值网络利益分配模式

8.1 物流外包利益分配的参与者

利益由利益主体、利益客体和利益中介三个要素构成。利益主体是指利益的拥有者。利益主体就是现实社会中的人，是处于一定的组织结构中的人，既可以是个人也可以是某种群体或者组织。利益客体就是利益的载体或承担者，是人的需要所指的对象。利益中介是把利益主体与利益客体联系起来的中介要素，也就是指人的活动。

8.1.1 物流外包利益分配的主体

物流外包过程中利益主体包括供应链上的所有相关组织和个人，具体包括供应商、制造商、物流商、经销商、零售商和用户（可以是组织或个人）等。从宏观的角度考察，供应链在最大化集体利益时，必须时刻了解顾客需求，并及时提供相应的产品和服务，这样便丰富了社会产品（财富），提供了就业机会，满足了社会需求，实现了社会利益。供应链企业的动态联盟，所有节点企业都是相关行业中最具市场竞争力的佼佼者，强强联合，有利于提高社会稀缺资源的利用效率，使社会利益最大化。

8.1.2 物流外包利益分配的客体

物流外包利益客体是指供应链利益主体的需要所指的对象。企业参与供应链和供应链管理的目的就是可以在最短的时间里搜索到最好的合作伙伴，用最经济的成本、最快的速度、最好的质量赢得竞争，实现利益的最大化。这种利益不仅是对一个企业，而是对整条供应链上的节点企业而言的。供应链在实现企业个体利益的同时，也实现了客户的利益和社会的利益。此外，这种利益可能是短期的，也可能是长期的；可能是显性的，也可能是隐性的。

8.1.3 物流外包利益分配的中介

供应链的利益中介就是供应链协调管理。通过供应链管理，供应链的利益主体与利益客体有机地联合到了一起，潜在的供应链利益得以实现，供应链中各种复杂的利益关系也得以协调，从而实现供应链的整体利益的最大化，同时也实现社会利益和客户利益。

8.2 利益分配的含义与分类

利益分配，简言之就是合作所获利益在各参与者之间的分配。合作是利益分配的原因，分配源于合作。分配具有社会属性，是社会再生产中的重要环节，它影响社会再生产的健康运行。餐饮企业供应链的利益分配，就是供应链中各成员企业将一定时期内共同创造和实现的利益按照一定的原则进行分配的过程。供应链利益的分配不仅指合作的产品和利润等表现为直接经济价值的利益在各节点企业之间的分配，还包括链上企业在合作过程中所产生的无形资产，如专利权、专有技术、品牌、商标、客户忠诚度、营销渠道、企业美誉度等在节点企业之间的分配。

8.2.1 物流外包利益分配的分类

供应链的利益是指供应链上所有企业通过相互合作与协调，作为一个整体而创造出来的新增收益，这些收益的体现形式是多种多样的。按照利益的可获得性可以将供应链的利益分为直接利益和间接利益。

直接利益是企业参与供应链的内在动力和追求的目标，直接利益的多少体现了供应链管理的效率和绩效。直接利益包括：

（1）产品和服务的收益。加入供应链的直接目的是为更好地销售自己的产品，不管是对下游企业还是面对最终用户，即供应链上的企业创造出来还没有销售出去的，即待售状态的产品或服务，同时还包括正在制造中的半成品。它们的价值在流通至最终消费者后实现，因此在计算时包括这些产品及半成品。

（2）技术转让收益。供应链的各企业合作的另一种产物就是在共同参与研制产品或实施项目过程中获得的新产品开发技术或操作技术，这些技术可以通过转让或特许使用而转化成为收益。

（3）利润。利润是供应链上企业所生产的产品或服务的总销售收入减去各种成本及费用所得。

间接利益是指通过供应链管理及合作后所创造的无形资产。间接利益包括：

（1）技术成果。供应链上企业在合作过程中，在产品或服务的设计、生产、控制、营销等方面可能会产生一些新成果，比如技术诀窍、销售秘密、发明专利、经验指导及高效的管理评价等。这些成果如只在企业内部运作时，就需要计入企业的无形资产，而这些成果也自然成为利益的组成部分。

（2）商誉。形成一条运行顺畅的供应链，会带来优质的产品和服务，还会提升企业形象，增加企业的商誉和美名。如今，社会大众对企业的认知主要体现为商誉，企业的社会形象和对生态关注度都会增加公众的赞誉和好感。好的商誉不仅在短期会促进企业的发展，而且在长期发展中也会给企业带来巨大的潜在收益。

（3）客户的忠诚度。供应链进行广告宣传和促销的目标是提高合作成员企业和产品的知名度，提高客户忠诚度。客户的高度忠诚不仅意味着企业拥有稳定的购买人群，更加代表客户可能对本供应链上企业成员的产品及服务兴趣度较高，对新产品或服务的接受度也会较高。忠诚的客户是企业最宝贵的财产，可以不断提高市场占有率，增加整体销售额，进而推动整个供应链的不断发展。

（4）品牌和商标。供应链上企业的合作管理最直接的顾客反应是产品或服务得到更多的好评，更好的口碑，从而树立各企业产品或服务的品牌形象。良好的品牌形象在当今的竞争中既有利于增加销售额和市场占有率，也有利于企业在未来发展中获得广泛的认同和支持，从而增加整条供应链的利益。

（5）社会形象。社会形象是现在企业发展的热点问题，良好的社会形象对企业未来发展起着巨大的推动作用。企业和供应链需要不断地改进生态技术，减少污染及废弃物排放量，增加产品的生态效益，而由此带来的社会效益会赢得社会的广泛赞同和支持。另外，积极投身于公益事业，关注社会生活也会优化企业社会形象，从而吸引更多的顾客群体，并因此获得更大的利益。

8.2.2 利益分配的重要性

利益的合理分配对物流外包的稳定有至关重要的作用。如果利益分配不合理，合作企业之间必然会产生矛盾，并由此产生合作积极性的下滑，进而就会影响到这种合作关系是否能长久的维持。具体来说，有以下三个方面。

（1）利益合理分配能维持和巩固物流外包合作企业的合作关系。供应链管理的关键之一就是建立并维护供应链合作伙伴的关系，使合作企业协调一致，各尽所能地发挥自己的优势，在为客户提供满意的产品或服务的同时，尽可能地降低供应链运营成本，实现供应链整体利益最大化的目标。因此，供应链企业的合作伙伴关系的维护是供应链管理的关键。而供应链上的企业是一个独立的经济实体，它有自己的完整的组织机构，它们有自己的个体理性，每个企业都有自己的利益目标，都想获得尽可能的利益，当然它更不愿意自己的利益受到损害。这就涉及供应链利益如何在供应链企业间进行公平、合理分配的问题。如果利益分配公平、合理，就会使现有的供应链合作关系得到巩固和加强，反之，就会损害供应链企业间的合作关系，影响供应链的整体效率和绩效，甚至会导致整个供应链的崩溃。因此，供应链企业合作利益的公平、合理地分配是维持和巩固供应链合作伙伴关系的根本保证。

（2）供应链企业利益合理分配是激励成员企业相互合作的动力。根据激励理论，个体工作努力程度与个体的目标，以及个体需要满足的程度有关。当个体的需要得到较好满足时，他就会努力工作，反之，他就会消极怠工。另外，根据公平理论，个体总是喜欢将自己的付出与回报与其他个体的付出与回报作比较，如果个体认为自己付出较多，而回报较少时，他就会觉得不公平，这时，他也会消极怠工，更有甚者，会采取破坏行动；反之，他如果觉得公平，就会积极努力地工作。同样，供应链上的成员企业也是一个理性的个体，激励理论也会适用于它。我们首先来分析一下，企业为什么参与到供应链里来。其实，企业参与到供应链有两个条件，一是供应链获得的整体利益要远大于未参与供应链之前所有企业独自获得的利益之和；二是参与供应链之后，链上各个企业所获得的利益要大于没有参与供应链时所获得的利益。正是上述两个条件得到满足后，企业才愿意加入到供应链管理中来，并且愿意维持这种合作伙伴关系。如果供应链某个企业获得的利益少于参加供应链之前所获得的利益，或它认为供应链的利益分配不公平，那么，这个企业就不愿意与链上其他企业进行合作，或者退出供应链，或者破坏供应链，这就会降低供应链合作的效率，损害整个供应链利益。相反，如果它觉得供应链上的利益分配公平合理，即使短期内它获得的利益不高于未加入供应链之前所获得的利益，它也会愿意与链上其他企业进行合作，与其他企业采取一致行动。

（3）供应链企业利益合理分配能提高供应链整体效率和绩效。通过上述分析可知，供应链企业利益合理分配能维持和巩固供应链企业合作伙伴关系，并能激励链上成员企业更加合作，这样显然会提高整个供应链的运作效率，使供应链获得更大的竞争优势，从而获得更多的利益。另外，当整个供应链获得更多利益时，分配给链上各个企业的利益相应地更多，企业就会更加合作，更加努力贡献自己的能力，这是一个良性循环。

综上所述，一套公正合理的利益分配方案，有利于供应链成员企业的健康发展，有利于维持和巩固供应链企业合作关系的相对稳定性，降低供应链的不稳定性，最终达到多赢的局面。

8.2.3 利益分配的原则

物流外包合作过程中，利益是各方合作的基础，利益分配问题是合作企业非常关注和敏感的问题。为了使合作利益得到公平、合理地分配，尽量使每个节点企业所获得份额与其预期收益一致，必须建立合适的分配原则及指导思想。一般而言，合作各方在利益分配时应注意遵循以下原则。

1. 公平兼顾效率原则

物流外包合作中的所有企业是作为整体来进行生产活动的，企业间存在着相关的密切合作内容，需要各合作伙伴协同工作。这种情况下，为避免企业之间不良竞争和信息隔阂而降低供应链绩效，公平这一原则有助于企业保持团结精神；但在注重公平的同时还要加强对效率问题的重视，过分的公平可能会挫伤优秀企业的积极性，造成资源的不必要浪费。需要在公平和效率间找到一个平衡点，兼顾两者。

2. 互惠互利的多赢原则

互惠互利是指在企业合作过程中，要保证每个成员企业都能从成功后的供应链中获取相应的利益，否则将会挫伤成员企业的积极性。从博弈分析中已经看出来，要保证供应链上企业合作的稳定性，必须保证合作后企业从供应链中获取的利益大于合作前可获取的利益，否则企业就会退出。只有坚持贯彻互惠互利的原则，才能保持长久稳定的多赢合作，如总有企业侵占其他企业的利益，就会损害合作关系，导致关系的破裂。

3. 利益与企业贡献相匹配原则

企业由于分工不同，所投入的成本不同，对供应链整体所做出的贡献也不同，从而获得收益也应有所不同。因此，利益分配机制应该遵循此原则，保证各成员能够多劳多得，贡献大的企业理应获得更多的收益。

4. 利益与风险相匹配原则

虽然加入供应链的目的之一就是降低企业承担的风险，但供应链上的成员企业承担的风险还是不同的，所承担的风险越大，所获取的利益也应该越多。若不考虑利益与风险的相关性，企业将因为规避风险而不愿主动承担风险，这种风险最终将会集中到整个供应链上。

5. 民主决策原则

利益分配方案制订是一个群体决策过程，这个过程中，合作的成员企业都可以站在自身的角度提出初始的利益分配方案，之后要通过核心企业进行引导，对初始方案进行筛选并修改。在处理整个供应链不断出现的新问题时，也应该由所有成员共同民主决策，形成各方共同磋商的合作小组。这种群体决策过程充分体现了民主原则，使得最后确定的方案更易接受，因此也更具激励性。

6. 信息共享原则

信息沟通不畅通常是引起企业间歧义矛盾的主要原因，因此，为了减少因这种沟通产生的误会，各供应链企业在利益分配方案制订过程中需要注意及时披露阶段性的方案、计算方法、管理办法等相关信息。在供应链的正常运作中，为了保证分配方案和管理办法的顺利实施运行，需要企业都自觉地共享必要信息，形成一条实时信息传输带，及时应对市场变化和需求信息。

8.3 影响物流外包利益分配的因素

物流外包企业之间之所以选择合作，原因在于各参与企业可以获得比单干更高的利益。供应链各企业如何进行利益分配成为一个关键的问题，利益分配的合理与否直接关系到整个供应链是否可以持续稳定的发展。影响企业供应链利益分配的因素可分为以下三个方面。

8.3.1 投入因素

投入指的是提供服务的过程中所使用的物品或劳务。投入因素是企业参与利益分配的基本要素，影响其最终的利益分配。由于各个企业所承担的任务不同，因此投入的方式不同。各个企业的投入随着利益分配比例的增大而增大，其投机行为随着利益分配比例的增大而减少。各个企业的投入包括固定资产和资本、服务能力、品牌和商誉、人力资源和创新资源的投入等。

1. 固定资产和资本

固定资产作为劳动对象，是劳动创造价值和价值转化的载体，是企业进行生产经营的物质要素，是以物化劳动存在的价值。固定资产的拥有者按市场规定的标准价格形式获取利益分配。资本是企业从事生产经营活动的重要因素，渗透于企业供应链组织运作的各个环节，资本的价值主要取决于资本的实际数量和融资成本。

2. 服务能力

服务能力包括适应能力、服务技术水平、服务效率、服务质量和服务成本等。其中，服务技术是提高劳动效率的最有力手段，通过服务技术应用后所节约的活动和物化劳动来确定其价值，可以根据服务技术超额利润来推算服务技术的价值。

3. 品牌和商誉

企业为了使服务产品更利于被市场接受，提高销售量和销售利润率，提高服务水平，有知名度的品牌和良好的商誉起着重要的作用。

4. 人力资源

人力资源包括雇用技术专家和普通服务员工等。企业是劳动密集型的，需要较多的服务员工来满足客户的需求。服务员工的价值取决于服务员工的稀缺性和替代弹性。稀缺性低和替代弹性高的服务员工，其价值就低；反之，其价值就高。如果服务员工具有充分的知识、良好的服务意识和处理客户问题的核心技能，价值就比较高。

5. 创新资源

创新资源包括经验、判断能力、知识、经营管理方式、市场营销能力等，是以生产要素资源为基础发挥作用的资源。对企业而言，创新资源是一种非常重要的资源，对企业的运行以及收益的最大化起到了关键的作用，可以用技术人员数量、研发资金投入等来衡量创新资源。创新资源更为重要的是包括组织的创新，通过组织的创新，资源才能更加有效地进行配置，产品创新和技术创新才能发挥最大的效应。

8.3.2　风险因素

企业供应链是一个多参与主体、跨区域、多环节的增值网络，把供应商和最终用户连接起来，具有复杂性、动态性和交互性的特征，这些在给企业带来利益的同时，也带来了外部环境和链上各个企业内部等对企业供应链不利的因素影响，产生供应链风险。供应链风险这种破坏性因素是一种随机现象，具有不确定性，会对整个供应链造成损失和威胁。供应链中存在的风险有市场风险、技术风险、合作风险、信息风险和解散风险。

1. 市场风险

经济全球化导致全球市场竞争日益激烈，客户需求个性化、多元化，市场环境不断变化。供应链正是为了适应这一变化，为供应链的各个企业提供参与市场竞争的机遇和优势，同时也带来了各个企业面临的市场风险。

2. 技术风险

技术风险是指伴随着科学技术的发展、生产方式的改变而发生的风险。技术风险的种类很多，其主要类型是技术不足风险、技术开发风险、技术保护风险、技术使用风险、技术取得和转让风险。任何一项新技术、新产品最终都要接受市场的检验。如果不能对技术的市场适应性、先进性和收益性做出比较科学的预测，就使得创新的技术在初始阶段存在风险。这种风险产生于技术本身，因而是技术风险。这种风险来自新产品不一定被市场接受，或投放市场后被其他同类产品取代，所发生的损失包括技术创新开发、转让转化过程中的损失。这就是说，企业在技术创新上确实存在风险，并不是技术越先进越好。

3. 合作风险

企业供应链的合作风险来源于两个方面：一是由于各个企业自身固有素质的差异，企业的服务技术水平、管理水平、风险偏好、员工素质、企业文化等均有所不同，这些差异随着供应链的形成而自然产生，成为企业间合作和沟通的无形障碍，降低了供应链的整体竞争优势和获利能力；二是各个企业的目标和利益各不相同，经常出现各个企业热衷于追求自身的最优目标而不是整个供应链的最优性能的现象，从而给企业供应链带来合作风险。

4. 信息风险

由于供应链各个企业优化自身行为，导致供应链中存在信息风险。一方面，由于供应链的各个企业之间存在合作协商和委托代理关系，根据委托代理理论，供应链中每一个服务企业都是理性的，为了最大化自己的利益，就会隐藏一些敏感信息，特别是涉及核心技术和商业秘密的信息，这就导致了供应链的信息不对称。另一方面，供应链各个企业为了满足其客户的需求和保持较高的服务水平，就会夸大一些公用信息，造成信息失真，产生信息风险。

5. 解散风险

供应链的动态性特征决定了供应链面临着随时解散、更新或重组的可能性。解散风险产生的根源，在于组成的供应链竞争力不强、利润不稳定、利益分配不合理、上下游服务企业间的关系不协调等。在供应链整体利益一定的条件下，各个企业之间的利益分配是一种零和博弈，各个企业都会争取自己最大的利益，当利益分配机制不够合理时，利益受损的企业会在以后合作中表现消极，拒绝进一步的合作，或者破坏、退出物流外包合作。

8.3.3 贡献因素

投入成本的多少是合作企业参与利益分配的基本要素，影响其最终的利益分配。但是并不是指哪个企业投入到供应链的生产成本最高，其对供应链的利润增加所做的贡献就最大，因为在供应链中影响供应链整体利益的因素很多。企业在生产及辅助过程中所进行的许多相互分离的活动，成为一个企业的竞争优势的重要来源。企业为了在市场中赢得竞争优势，可以通过比竞争对手更廉价或更出色地开展这些重要的战略活动来实现。

价值链中上下游节点企业之间的交换实际上是资金流、信息流、物流等的交换，其目的是为了实现增值，因此价值链是增值的过程。客户购买的产品和服务是从供应商供应的原材料或零部件到制造商的采购和制造，批发商或零售商的销售并包括其中的第三方物流的仓储运输等一系列活动价值增值的总和。因此在供应链上每一个环节是否增值及增值的多少，企业获得增值的能力成为体现企业以至整个供应链竞争力的关键。可以说供应链的运作就是增值的过程。由于一个企业或供应链有低成本和差异化两个优势，对于以技术引领的供应链，最大的增值环节常常是拥有专业知识和创新技术的环节。供应链形成的动因是降低成本和提高服务水平，通过分析价值链，可以达到创造低成本产品的目的。为了实现差异化战略，在产品的设计上，供应链改变以往的策略，由主动转化为市场需求者的拉动。因此，分析价值链理论能够在供应链中发现最大利润区，从而成为判断供应链企业对供应链贡献度的重要参考价值。

各企业对供应链的贡献主要表现为：企业市场的反应速度的提高，交易效率的提高和交易成本的节约，库存水平的降低，生产周期的缩短，服务水平的提高，企业利润的增加，顾客价值的增加，提供顾客所需的产品和服务等。这些变化最终都将转化为整个供应链利益的增加。各企业充分发挥本企业在供应链中的优势，体现其价值所在，避免产生机会主义倾向而导致供应链解体的风险。

由于供应链外部具有复杂多变的市场环境，顾客突然增加市场需求，客户要求缩短交货期，市场原因要求增大库存保有量，提高对质量和技术方面要求等，这些特点都要求供应链具有动态性，供应链上的合作企业就需要做出临时的贡献。为了快速响应环境变化，供应链上的企业必须付出更多的额外作业成本，才能满足这些额外的要求。为了激励供应链合作企业对供应链有益的行为的自发性，利益分配也需要把这部分临时贡献考虑进去。

8.4 物流外包利益分配模型构建

8.4.1 常用供应链利益分配模型的局限性

在供应链合作中，利益并非容易得到具体的货币表现，因为整个供应链成员企业的目标都是追求各自的利润最大化，供应链合作关系既不是一个追求统一目标利润的企业集团，也不是具有资本关系的联营企业。这样，整个供应链的利润不容易测算得到。这就需要根据整个供应链的业务数据加上在长期合作中形成的配合默契的行为规则，可以比较准确地测算到整个供应链的总收益。

利益分配模型的设计要反映影响供应链利益分配的因素。供应链利益分配因素是伴随供应链产生的，而方法要完全考虑供应链中诸如贡献度、位置、参与企业的努力水平等因素。而这些因素确实能够影响甚至左右参与物流外包企业的利益分配的结果。并且模型要考虑各伙伴在合作过程中所承担的风险问题以及风险在利益分配中占多大比重才算合理。如果没有合理的伙伴间风险分担和利益分配方案，就会影响供应链的健康发展。

8.4.2 引入资本投入因子

供应链中各成员的投资额应包括其为供应链做出贡献的所有投入，具体包括：

（1）启动资金，供应链成员组成联盟的启用资金，包括用于购买设备、专利技术等的事前投资，以及各成员前期为了组建联盟的沟通和协商成本。

（2）人力资本，包括在供应链中各成员增加的人力资本。

（3）信息资本，供应链各成员对供应链信息系统的投入。一般文献会考虑到按照投入要素的价值来衡量各成员的投入占所有成员对供应链总投入的比例，但是由于各种投入资源对供应链整体绩效的贡献和重要程度不同，因此，在衡量资源投入时，需要先评估各投入因素的重要性。

8.4.3 引入风险因子

实际上供应链及其成员都是处于变化的外部环境中，不可避免地承担各种风险，对风险的分析有助于更加准确地制订出利益分配的方案。主要考虑以下风险因素。

（1）市场风险。是指供需双方能否获得预期收益的不确定性。从供应链这个整体来看，它是外部风险，包含两层含义：一是市场风险对供应链中各成员企业而言都是不可控的；二是各个成员所面临的市场风险大小基本上是一致的。

（2）合作伙伴的能力风险。合作是供应链最重要的主题之一，选择正确的合作伙伴是保证供应链整体利益最大化的关键因素和必备条件。被选择的合作企业是否有足够的能力来完成供应链分配给它的功能，是否具有高效率的内部资源整合能力，并快速响应市场，将影响到供应链正常运营和整体竞争能力。供应链的整体效率与能力取决于供应链上效率最低的那个企业，能力最薄弱的节点企业会限制供应链整体能力和效益的发挥，成为整条供应链的瓶颈，因此合作伙伴的选择存在很大风险。

（3）合作范围的风险。确定合作范围时，重点是确定外包业务的内容，不合理的业务外包可能导致企业核心竞争力的丧失，核心竞争力的丧失会导致企业过分依赖合作伙伴的支持，依赖的程度越高，丧失决策权的潜在风险就越大。

合作伙伴关系的类型可能影响合作的范围，通过选择适当的伙伴关系，能减少合作范围带来的供应链风险。合作伙伴关系可分为三种类型：类型一是短期的和功能性的伙伴关系；类型二是超出了单纯活动的协作，而且是这些活动的有机集成；类型三是共享一个高级别的运营集成。企业与一个新的伙伴建立合作关系时，合作的范围可以逐步递进的方式，从建立类型一开始，进而向类型二或类型三发展。

（4）信息技术与安全风险。当今，信息技术尽管已经取得了飞速的发展，但是仍然存在很多的缺陷，如网络传输速度的不稳定，数据传输过程中的出错概率，网络上电脑黑客的蓄意破坏和对数据的恶意截取与篡改，服务器性能的运行速度和稳定性难以突破，软件设计中的缺陷，各种各样的病毒等。这些缺陷的客观存在均可能影响到信息传输过程中的安全性。同时，企业内部网络安全保密技术的滞后和黑客的攻击，可能使得企业的商业机密外泄，从而失去竞争力。另外，供应链上各个节点企业之间的 IT 应用水平参差不齐、数据标准不统一等情况，也可能导致信息无法共享或共享信息出错。这些都属于信息安全风险的范畴。

（5）政策风险。企业从生产、流通到消费都受到国家政策法规以及行政部门的监管，因而供应链各节点成员还应该密切关注国内外的各项行政法规的内容和变动情况，积极响应国家政策，应对政策对供应链的冲击。

8.4.4　基于夏普利（Shapley）值修正的物流外包利益分配模型

企业参与物流外包价值网络的根本目的是追求经济利益的最大化，包括制造企业在内的每个节点企业都希望获得更多的利益，因此如何使利益分配相对合理，使每个企业都能接受，成为网络运行的重要问题。在物流外包价值网络中，通过核心能力的优化整合使原本相互独立的企业合作，以追求经济利益的最大化。企业间的利益分配可看成是多人合作对策的利益分配问题。常见的利润分配模式有共享报酬模式、固定报酬模式和混合报酬模式三种。

制造企业物流外包价值网络的利益分配是利益共享、风险共担的报酬模式。关于利润分配机制，郑文军（2001）等研究了敏捷虚拟企业利润分配机制问题，并假设盟主和成员企业之间采用线性分配机制，建立了以盟主为核心的委托—代理模型。叶飞（2004）给出了在三种合作模式下虚拟企业利润分配的模型，模型中假设虚拟企业合作双方呈现风险中性。尹钢（2003）采用合作对策的理论结合线性规划的方法来建立供应链管理的利益分配模型。在以上的研究中，大部分研究是基于线性分配的机制，而且大多侧重于风险的考虑。本节结合 Shapley 值利润分配模型，引入影响因子，考虑物流外包价值网络中节点企业运作过程中企业资本投入、承担的风险和创新能力等因素，并将之体现到最终的利润分配上，解决价值网络的利润分配问题。

1. 1953 年 Shapley 值法

美国学者 Shapley L. S. 于 1953 年提出的 Shapley 值法是用于解决多人（企业）充分合作对策问题的一种数学方法。充分合作指的是合作各方均不拥有与合作利益相关的私人信息，各方均能清楚任意几方合作时所获得的利益。当 n 个人（企业）从事某项充分合作的经济活动时，对于他们之中若干组合的每一种合作形式，都会得到一定的效益，合作中人数（企业数）的增加不会引起效益的减少，这样，全体 n 个人（企业）的合作将带来最大效益，Shapley 值法是分配这个最大效益的一种方案。算法的过程如下：

（1）设集合 $I = \{1, 2, \cdots, n\}$，表示 n 个人进行合作的集合；

S 对于 I 的任一子集，表示 n 人集合中的任一组合；

S 取得的效益都对应着一个实值函数 $v(s)$，满足：

$$v(\phi) = 0$$
$$v(s_1 \cup s_2) \geqslant v(s_1) + v(s_2) \qquad (8-1)$$

其中 $s_1 \cap s_2 = \phi$，$s_1 \subseteq I, s_2 \subseteq I$。称 $[I, v]$ 为 n 人合作对策，v 称为对策的特征函数。函数表示企业合作的收益大于各自独立获得的利益之和。

（2）设 x_i 表示 I 中 i 成员从合作的最大效益 $v(I)$ 中应得到的一份收入；

在合作 I 的基础下，合作对策的分配用 $x = \{x_1, x_2, \cdots, x_n\}$ 表示。

显然，该合作成功必须满足如下条件：

$$\sum_{i=1}^{n} x_i = v(I)$$
$$x_i \geqslant v(i)$$
$$i = 1, 2, \cdots, n \qquad (8-2)$$

即企业合作后各自分得的利益不应小于各企业独立从事经济活动时获得的利益，这也正是企业合作的主要动力所在。

（3）设 $\Phi(v)$ 为合作 I 下的各个伙伴所得利益分配值，称为 Shapley 值：

$$\Phi(v) = [\varphi_1(v), \varphi_2(v), \cdots, \varphi_n(v)] \qquad (8-3)$$

$$\varphi_i(v) = \sum_{s \subseteq s_i} w(|s|)[v(s) - v(s \setminus i)], \ i = 1, 2, \cdots, n \qquad (8-4)$$

$$w(|s|) = \frac{(n - |s|)! (|s| - 1)!}{n!} \qquad (8-5)$$

其中 $\varphi_i(v)$ 表示在合作联盟 I 下第 i 成员所得的分配, s_i 是集合 I 中包含成员 i 的所有子集, $|s|$ 是子集 S 中元素的个数, n 是集合 I 中的元素个数, $w(|s|)$ 可看成是加权因子。$v(s)$ 为子集 S 的效益, $v(s \setminus i)$ 为子集 S 中除去企业 i 后可取得的效益。

在物流外包价值网络中应用 Shapley 值法模型, I 可看成 n 个企业构建的网络, S 为 I 中若干企业合作的网络子集, $v(s)$ 为子集 S 产生的效益, S_i 是 I 中包含企业 i 的所有子集。$v(s \setminus i)$ 是在子集 S 中除去企业 i 将会产生的效益。

价值网络节点企业的收益预期应主要取决于各种可能合作的贡献值、可能参加合作的企业数量和各种合作的成功概率。用上述 Shapley 值法解决合作企业的利益分配问题中，没有考虑企业在经营过程中承担的风险和资本投入问题等，即假设企业的经营地位是均等的。实践中，有一些企业的合作经营战略失败，其主要原因是多数合作实施前没有设计出科学合理的企业间风险分担和利益分配方案，因而影响了合作的健康发展。在合作具有风险等因素的情况下，引进影响因子可以调整 Shapley 值以保证利益分配的公平性。因此必须对上述算法做出必要的修正，使它更符合实际情况。

2. 引入影响因子的修正算法

（1）影响因素。

上述 Shapley 值法的分配方案中所作的假设是每个企业参与合作的成功概率都为 1。公平合理的分配方式应该考虑到企业每种合作风险，将合作的成功率引进到该方法中将有助于获得更合理公平的收益预期。在共享报酬模式下，如果企业非常害怕风险，那么这种分配模式是不稳定的，最终必将不存在这种合作形式。而实际中，各企业的经营者对于风险的偏好是不同的，这种分配方式没有考虑到企业在合作过程中的风险承担问题。对于承担风险较大的企业如果仅仅按照 Shapley 值法确定的边际贡献来分配利益，将挫伤贡献企业的积极性，也必将威胁到合作的成效。因此应当对这种企业适当增加其在利益分配中的比重，只有这样才能鼓励企业多承担合作过程中可能遇到的风险，从而使得价值网络的运作更加有效。

另外，企业的创新能力和资本增值率也是影响分配的重要因素。Shapley 值法考虑对最终产生的利益如何进行分配，但并没有考虑到这些利益的来源。对于创新能力强的企业，其资源投入较高，但在短期内却无法体现其价值，如果仅按照 Shapley 值法确定的边际贡献来分配利益，将挫伤企业的创新积极性。同样对于资本增值率较高的企业，就应该在分配中获得较高的利益份额。因此价值网络中每个企业获得的预期合理收益应为该成员参与所有合作方之间各种不同组合时所创造的价值贡献与其影响因素的共同作用决定。在制造企业物流外包价值网络中，各节点企业承担的风险、创新能力和资本增值率等都应该考虑到利益的分配过程中，因此结合以上影响因素对模型进行修正。影响因素如下。

①资本投入能力。

资本投入是企业获取利润的一个重要前提，投资额的大小对利润分配有直接影响。各成员在人力、财力、物力等资源的有效投入是有效合作的基础，没有一定的资源投入来保障，根本无法发挥价值网络的优势。

②创新能力。

创新是提高企业竞争力的主要途径之一，要想真正实现动态联盟合作的整体竞争优势，必须依赖于各成员企业的创新能力。

③风险承担能力。

有合作就有风险，想获得收益必须承担风险。企业承担的风险和回报应成正比，即高风险高收益，所以在利润分配时应考虑每个企业所承担的风险及对收益的作用大小，并以此为依据进行利益分配。

（2）利润分配策略。

①基于资本投入的利润分配。

网络中各企业的资本投入向量为 $T = (T_1, T_2, \cdots, T_n)$，则按照资本投入各个企业的利润分配分别为：

$$\varphi_i(v) = \frac{T_i}{\sum_{i=1}^{n} T_i} v(I), i = 1, 2, \cdots, n \qquad (8-6)$$

②基于创新能力的利润分配。

假设网络中企业的创新能力系数为 $Q = (Q_1, Q_2, \cdots, Q_n)$，则基于创新能力的利润分配为：

$$\varphi_i(v) = \frac{Q_i}{\sum_{i=1}^{n} Q_i} v(I), i = 1, 2, \cdots, n \qquad (8-7)$$

③基于风险能力的利润分配。

假设网络中企业的风险系数 $R = (R_1, R_2, \cdots, R_n)$，则基于风险能力的利润分配为：

$$\varphi_i(v) = \frac{R_i}{\sum\limits_{i=1}^{n} R_i} v(I), i = 1,2,\cdots,n \tag{8-8}$$

（3）利润分配步骤。

①计算四种利润分配策略的权重。

首先将 Shapley 值法的利润分配策略A_0、基于资本投入的利润分配策略A_1、基于创新能力的利润分配策略A_2、基于风险影响因子的利润分配策略A_3，利用层次分析法确定四种分配策略在综合策略中的权重，记为 $\alpha = (\alpha_1, \alpha_2, \alpha_3, \alpha_4)$。

②确定四种策略对应的利润分配向量，记为 $K = (K_1, K_2, K_3, K_4)$。

③计算最终利润分配值 $V(i)' = \alpha K$。

然而，这同时也出现了一个新的问题，即影响因子的确定，可以采用系统分析中对非定量事件做定量分析的层次分析法（AHP 法）等来计算网络中各企业所承担的风险等因素，把各种因素量化为具体的利益分配权重指标，称为影响因子。

8.5　本章小结

本章重点结合 Shapley 模型对物流外包价值网络成员的利益分配，从资产投入能力、风险承担能力和创新能力等因素考虑引入影响因子，对算法进行修正，为物流外包价值网络的应用奠定理论基础和方法指导。

9 制造企业物流外包价值网络运作实证研究

9.1 实证企业的选择

9.1.1 企业背景

本章研究主要是对物流外包价值网络的构建及运作模式进行实践性的验证，选取了总部设在北京的具有典型代表意义的某石油石化企业（以下简称A企业）为对象进行实证研究。A企业是根据国务院机构改革方案，在20世纪90年代组建的石油石化企业集团，是国家出资设立、授权投资的机构。A企业集石油天然气上下游、内外贸、产销一体化运作，主要从事与石油、天然气有关的各项业务，包括原油和天然气的勘探、开发和生产；原油和石油产品的炼制、运输、储存和营销；化工产品的生产和销售；天然气的输送、经营和销售。

物资供应部门是A企业成本支出和控制的主要部门之一，但被视为油田生产提供服务的辅助部门，没有得到应有的重视。其传统的物资供应模式流转环节多、效率低、成本高，制约着企业的生产和发展。企业重组改制后，各二级企业管理方式和运行机制发生了根本变化，形成了上市和存续两个不同的利益主体。在上市公司里一般都设有物资供应处；在存续公司里又重复设置物资供应管理部门，所需油田物资委托上市公司部分代管。

在这种管理体制下，企业物流过程的各个环节，包括采购、运输、仓储、包装、加工、配送等，均没有完全摆脱计划经济体制下形成的管理方式，这种方式在计划经济下发挥了一定的作用，但在供应链管理环境下，却导致了企业物资供应条块分割，机构重叠，生产、流通、销售等环节相互分离，库存量大，物资周转缓慢，资金占用较多，给企业资源造成极大的浪费；另外，这种管理方式易受人为因素和旧体制的影响。因此，企业急需通过改革与创新对物流资源进行整合，构建新的物流运作模式。

9.1.2 研究过程及数据来源

为获取企业原始数据和实现本文预定的研究目标，本文撰写过程中通过问卷调查和实地走访的方式，对 A 企业下属的有代表性的二级企业进行了调研（调查问卷见附录 B），对调研企业的物流资源、业务流程、物流运作等方面的情况进行综合调研和比较分析，以获得数据资料和运营现状。

截至 2009 年 6 月，共收回调查问卷 51 分，其中 50 份有效问卷（由于浙江分公司刚成立，调查表中的情况都未涉及，问卷作废）。通过这次的问卷调查获得了 A 企业有关物流资源现状的信息，包括仓库、装卸、运输、配送、流通加工、包装等物流资源信息（包括数量、比例和利用率等）；获得了供应物流方面的信息，包括供应商、采购方式、采购量等；获得了销售物流方面的信息，包括人员、交货、销售量、电子销售等。调查信息为研究内容的完成、研究目标的实现提供了可靠基础。除以上信息外，研究过程还涉及企业风险承担能力和创新能力等，此类数据采用层次分析法获得。为保证数据的稳定性和变量间的依存关系，数据和参数来源分为以下途径。

第一个途径，对于数据记录明确、稳定性较强的参数和变量，直接采用历史数据或根据历史记录作简单处理获得。如企业物流成本、企业盈利等都可以从企业历史数据中获得。

第二个途径，对于企业经营过程中不纳入记录的数据，如外包过程中的风险承担能力、企业创新能力等参数，运用层次分析法，通过调查问卷和专家打分法获得，见附录 B 调查问卷。

9.1.3 物流业务运营现状

1. 物流设施/设备利用现状

通过问卷调查获得了企业有关物流资源现状的信息，包括仓库、装卸、运输、配送、流通加工、包装等物流资源信息。物流资源利用现状，如表 9－1所示。

表 9 – 1 物流资源利用现状

资源类别		贵公司情况		自有资源所占比例（%）	利用率（%）
		数量（座）	m²/m³/t		
仓储资源	仓库	1026		75.2	89.15
	油库	515		85.4	96
	冷库	182	168979	100	70
	燃气储罐	33	102866	100	99.2
	油田化工储罐	572	1179166	100	93.7
	料棚	255	382960	63.74	95
	堆场	238		77.9	92.5
	小计	2821			90.79
装卸资源	码头	12	16000000	100	87.5
	拖车	19	300	100	90
	起重设备	195	1371	100	96.7
	电瓶车	17	7	100	100
	输送机				
	叉车	721	320	100	95.9
	牵引车	16	29	100	64
	回转货架	562	0.8	100	100
	小计	1542			90.59
运输资源	普通货车	875	3071.6	100	93.75
	厢式货车	18	16	100	30
	翻斗车	4	40	0	95
	半挂车	409	130	100	90
	专用罐车	8252		76.3	97.5
	拖排车	2	40	100	100
	冷藏车				
	船舶	7			
	其他	26	52	100	100
	小计	9593			86.61

资源类别		贵公司情况		自有资源所占比例（%）	利用率（%）
		数量（座）	m²/m³/t		
流通加工资源	泥浆厂	1	1850	100	100
	其他				
包装资源	集装箱（冷藏、干箱）	20			
	托盘	17840	2200	100	100

从表9-1可知，企业物流资源比较丰富，硬件设施较为齐全，设备利用率较高，其中，仓储资源的平均利用率可达90.79%，装卸资源的平均利用率为90.59%，运输资源的平均利用率为86.61%，而流通加工资源和包装资源的利用率更是达到了100%。经分析可得出以下结论。

（1）企业物流资源比较丰富，硬件设施较为齐全，且自有率比较高。

（2）除运输资源的利用率在90%以下外，其他资源设备利用率较高。

（3）个别设备的利用率很低，例如厢式货车的利用率仅为30%，牵引车的利用率也只有64%，针对这些资源，应采取适当措施减少资源闲置。

2. 物流运作方式现状

通过调研，获得了企业供应物流方面的信息，包括供应商供货方式、运输方式和企业物流外包方面的信息。通过调查，基本掌握了企业物流运营的现实状况。

运输方式所占比重的调查结果如表9-2所示。

表9-2　　　　　　　　　　运输方式所占比重　　　　　　　单位:%

运输方式	水路	公路	铁路	航空	管道	多式联运
该运输方式在所有运输方式中占的平均比重	6.86	48.264	37.657	0.354	4.758	0.351

从表9-2中看出，在所有的运输方式中，公路运输占的比重是最高的，其次是铁路运输，然后是水路运输。各公司的运输方式主要以公路和铁路为

主，铁路和管道为辅，只有少数公司用到航空运输和多式联运，航空运输少的原因可能有两点：第一，成本高；第二，运载物类型所限。

供应物流运营方式调查结果如表 9-3 所示。

表 9-3 供应物流运营方式

物流运营方式	自营，占企业物流比例	原材料等由供应商负责，占原材料等物流比例	产成品由销售商负责，占产成品物流比例	委托第三方1家，占企业物流比例	委托第三方多家，占企业物流比例
回答问题的公司个数（家）	17	22	18	21	21
平均比例（%）	27.9	61.9	22	31.6	13.8

对 17 家作答的公司来说，自营物流平均占企业物流比例的 27.9%。对 22 家作答的公司来说，原材料等由供应商负责，平均占原材料等物流比例的 61.9%。对 18 家作答的公司来说，产成品由销售商负责，平均占产成品物流比例的 22%。对 21 家作答的公司来说，委托第三方 1 家，平均占企业物流比例的 31.6%；委托第三方多家，平均占企业物流比例的 13.8%。由此可得出以下结论。

（1）自营物流的比例比较低。61.9% 的公司选择供应商负责原材料物流，22% 的公司由销售商负责产成品物流，形成了较稳定的供应链条。

（2）委托第三方物流进行运输占有一定的比例，并且与委托的第三方物流公司关系较为稳定，可以形成长期合作关系。

物流业务外包动因情况调查结果如表 9-4 所示。

表 9-4 物流业务外包动因

物流业务外包动因	专注于核心业务	提高物流服务速度	提高物流服务稳定性	借助社会化网络资源	降低货损率	降低差错率	降低成本
回答问题的公司个数（家）	20	21	20	19	19	19	20

物流业务外包动因	专注于核心业务	提高物流服务速度	提高物流服务稳定性	借助社会化网络资源	降低货损率	降低差错率	降低成本
评分后的总分（分）	92	95	82	77	75	75	89
平均分数（分）	4.6	4.524	4.1	4.053	3.947	3.947	4.45

物流外包业务量占所有业务量的比例情况如表9-5所示。

表9-5　　　　　　　　　物流外包业务所占比例

物流外包业务量占所有业务量的比例	10%以下	11%~20%	21%~30%	31%~40%	41%以上
选择该选项的公司个数（家）	2	0	1	0	18

在这项调查中，有31家公司没有作答，在19家作答的公司中，有2家公司物流外包业务量占所有物流业务量的比例在10%以下，1家在21%~30%，18家比例在41%以上，其中有1家为60%，有3家为100%。

对于企业物流外包业务量占总物流业务量的比例增长趋势的问题，有8家公司回答其物流外包业务量占总物流业务量的比例比上年增长10%以下，2家公司增长了41%以上，1家公司增长比例在11%~20%，1家公司认为其业务相对稳定，没什么变化，其余公司都未作答。对于物流外包业务环节调查情况如表9-6所示。

表9-6　　　　　　　　　物流外包业务环节

外包的物流业务环节	物流系统设计	物流信息管理	仓储保管	中转运输	干线运输	配送	包装加工	其他	未作答
选择该选项的公司个数（家）	1	1	10	10	8	12	1	0	31

原材料采购物流占物流外包业务的比例这个问题上，2家公司回答其原材料采购物流占物流外包业务的比例的100%，2家在41%以上，其余公司未作答。非油产品销售物流占物流外包业务的比例这个问题上，1家公司非油产品销售物流占物流外包业务的比例的100%，1家为0，其余公司未作答。油品销售物流占物流外包业务的比例这个问题上，3家公司油品销售物流占外包物流业务的比例的100%；4家在41%以上，其中一家已注明比例为76.9%；1家为0，其余公司未作答。

通过调查问卷反馈的信息反映出，所选取的企业采取部分自营和部分外包的物流经营策略。企业的物流设施和设备利用率较高，在此基础上积极开展物流业务外包。但由于A企业主要采用分级物资供应模式，在这种模式下，物资需经过多个环节和多次重复领料过程才能到达最终用户的手中，而且企业各厂矿之间路程较长，各单位的领料车辆空载率很高，领料过程耗费了大量的人力、物力，导致效率低下。因此，企业必须整合物流资源，构建适合企业自身特点的物流网络。

9.2 实证企业物流外包价值网络构成设计

9.2.1 实证企业产业价值定位

1. 物流系统的现状

目前各大油田物流企业的运作，其信息流、物流、资金流都在不同阶段相应完成。供应物流包括原材料等生产资料的采购、运输、仓储、库存控制，供应物流处于生产物流的上游，物流过程基本是由供应商选择当地货运部门承担，自身主要承担接卸、仓储工作，然后再根据油田内部二级单位最终用户的要求，决定是否配送到现场，与专业的物流企业还存在很大差距。各油田物流企业也因此根据行业特点，纷纷建立起了自己的电子商务交易平台。目前，油田部分物流企业主要采用一对多形式的网站交易平台，对外提供需求产品目录、发布需求公告信息、在线询价、交易价格查询、现货库存查询等功能。从运行状况来看，仅完成了信息流的建设，而商流、资金流、物流的运行还没有真正实现。

2. 物流客体的分类

（1）生产物资。

生产物资主要包括化工原材料、辅助材料等。根据生产物资需求特点，这部分物流管理的基本目标是确保供应，避免缺货，同时实现最低库存。这是一种以需求拉动供应的物流模式。首先，该物流过程应力求简洁，物流组织做到扁平化，能快速响应需求变化。其次，该物流系统是以石油企业为核心，各节点企业间结成利益共享、风险共担的战略伙伴关系，各节点能实现信息的充分共享，计算机网络将各节点结成统一整体的网络系统。最后，供应商数量少而精，定点供应成为主流，某种物资可能仅有一个或几个供应商。供应商不但要确保生产物资的供应，而且承担着降低成本、技术创新的责任。

（2）建设物资。

建设物资通常应用于项目过程中，如西气东输工程。建设物资的物流需求特点有别于生产物资。由于建设项目的一次性和建设物资的非常用性，因此，应利用市场的竞争机制，广泛引入物流供应商竞争，通过大宗、金额巨大的建设物资供应获取成本优势。同时由于建设物资对项目进展的重要性，石油企业应对供应商进行必要的了解和过程监控，在未来希望发展成物流网络的一员。

3. 物流业务的特点

A企业的物流活动是和企业的生产紧密相连的，物流管理为生产过程提供重要的保障和支持，其物流业务特点如下。

（1）物流过程中物料流是持续运动且均衡的，生产过程中物流按节奏流动，同时物流与生产保持同步，每个环节的物流流入量与流出量应平衡。

（2）物料流的过程是单向的，尽量避免或减少物流过程中的迂回、往返运输，消除或减少不合理的生产等待时间。

（3）物料流以生产计划的进度为基准，在时间和数量上必须按计划完成。

（4）追求物流总成本最小，从系统出发使物流环节各项费用之和尽可能降到最低。

9.2.2　物流外包价值网络的构建

在物流外包价值网络的构建过程中，首先通过对物流资源的分析，将资源分为内部资源和外部资源。内部资源主要是油田公司直接控制和使用的资源，如物流业务员工的素质、状态、分布；生产需求计划；产能建设项目；库存信息等。外部资源主要是指支持物资采购业务的非油田公司控制的资源，如供应商的各类信息（资质信息、产品信息、报价信息、质量信息、生产能力信息、运输信息、财务状况等）；市场商情等。通过对资源的分类和分析，规范、细化内部资源和外部资源的管理业务流程，配置最佳业务模式，使之简单、透明、实时、高效。

物流外包价值网络通过物流活动把 A 企业及其物资供应企业、物流企业、分销及零售企业等联系起来，使生产资料以最快的速度，通过生产、分销环节变成增值的产品，送达最终客户手中。网络的构建不仅降低了成本，减少了库存，使资源得到优化配置，更主要的是通过信息网络、组织网络实现了生产与销售的有效链接以及物流、信息流、资金流的合理流动。

1. 物资采购规划的三个阶段

第一阶段，即交易前，主要是指交易双方在交易合同签订之前所进行的一些活动，包括需求采购计划管理，发布需求信息，寻找适合油田公司需求的物资信息，同供应商进行谈价、议价，进而寻找交易机会，完成物资采购意向或草签合同等。

第二阶段，即交易中，主要指签订合同，进行交易的过程。这一过程涉及面广，如与金融机构、运输部门、税务机关、海关等方面存在大量的单据交换。

第三阶段，即交易后，主要是指在交易双方完成各种交易手续后，物资的运输、验收、仓储、财务稽核、结算等工作。

2. 物流外包价值网络运作模式

价值网络可分为内部价值网络和外部价值网络，油田物资供应处与内部各供应站及用料单位之间的网络可视为内部价值网络，通过物流外包活动与外部网络构建起物流外包价值网络。网络的组织形式以 A 企业为核心，节点企业间进行物流资源的集成与整合，成立网络化物流配送中心，分区布点的物流模式，优化流通环节并实现企业协作和共赢。

（1）网络化物流配送中心的建立。

油田各二级物资供应单位在撤销现有物资供应站后可成立物流配送中心，减少三级单位库存，库存结构得到进一步优化，物资供应保障能力和资金使用效率将得到进一步提高。建立起一级配送为主、二级配送为辅、委托配送和厂商直达为补充的配送新模式，为搭建油田网络化物流配送体系奠定基础。

（2）油田物流信息平台的搭建。

油田物流信息平台以 A 企业的物资需求作为实物流主线，以价格信息作为信息流主线，并把资金流引入到物流的管理过程中，通过综合分析和决策支持，进一步加强物资管理，提高油田物资供应管理的信息化水平，实现计划、采购、检验、配送、结算的全程动态管理，从而建立起基于客户服务的系统化、规范化、高效化的运作模式，为物流外包价值网络的运行提供技术支持。

（3）油田大物流格局的形成。

通过集中管理、两级配送、网络运营，将油田物流系统的物资采购管理和仓储配送功能的分离，整合油田内部物流资源与外部物流资源，构建以仓储、配送为基础，包括检验、包装、加工、信息服务等功能在内的专业化、市场化的大物流的油田物流网络。

（4）保障机制的建立。

为保证物流外包价值网络的运行，必须建立信任、风险防范、利益分配和约束激励四项机制，这四个机制协同作用，才能保证网络企业间的合作与委托实现的正常运行，才能保证合作达到最大的经济效益，保证价值网络的增值。

9.3　实证企业物流外包价值网络利益分配

9.3.1　利益分配计算

通过调查问卷主观问题回答的反馈结果表明，A企业认为在物流外包过程中影响本企业利润分配的主要因素有资产增值能力和风险承担能力。同时，随着物流外包决策的实施，企业物流资产投资略有下降。而A企业更注重合作企业的创新能力和风险承担能力。通过50份调查问卷结果显示，A企业物流外包过程中面临的风险主要有送货时间不及时、送货地点不准确、物流管理成本增加和影响本企业员工情绪等。

以A企业下属新疆分公司物流外包价值网络构建为例。新疆分公司围绕生产所需的物资采购和销售进行了物流外包网络的建立，新疆分公司、物流企业1和物流企业2的物流资本投入分别为120万元、80万元和50万元；若三个企业独立运营，年获利为40万元、20万元、10万元；若新疆分公司与物流企业1合作，获利为70万元，新疆分公司与物流企业2合作获利为50万元，物流企业1与物流企业2合作获利为30万元；三个企业合作获利110万元。此处，假设三个公司的创新能力系数分别为0.3、0.5、0.2；风险能力系数分别为 0.5 、0.3 、0.2 。

1. 计算分配方案 A_1，A_2，A_3，A_4 的权重

采用专家打分的方式得到各分配方案的权重 α = （0.3,0.4,0.2,0.1）。

2. 计算方案 A_1，A_2，A_3，A_4 的分配向量

根据式（8 - 4）、式（8 - 5），得到分配方案 A_1 的分配向量 K_1 = (55，35，20)；

根据式（8 - 6），得到分配方案 A_2 的分配向量 K_2 = （52.8,35.2,22）；

根据式（8 - 7），得到分配方案 A_3 的分配向量 K_3 = （33,55,22）；

根据式（8 - 8），得到分配方案 A_4 的分配向量 K_4 = （55,33,22）。

3. 最终利润分配

分配值 $v(i) = \alpha \times k$ = （49.72，38.88，21.4）。

即最终新疆分公司、物流企业 1 和物流企业 2 的利润分别为 49.72 万元、38.88 万元、21.4 万元。

最终的利润分配方案和方案 A_1，A_2，A_3，A_4 比较，可以看到综合考虑以上影响因素对企业分配值具有一定的影响。参与企业大多认为综合以上因素分配价值网络利益具有一定的科学性和合理性。

9.3.2　计算结果分析

修正模型中将资产投入、创新能力、风险承担能力等影响因素与 Shapley 值法相结合，可以通过调整模型中企业资产投入比例、创新能力系数和风险能力系数对利润做不同的方案调整，在实际中对价值网络的运作具有指导意义。

首先，结合价值网络中企业的创新能力、风险承担能力和资产投入能力进行利润的分配，能够鼓励和支持企业的长期合作，确保价值网络的稳定性和健康持续的发展。同时更有利于保护网络中的弱小企业，特别是对于发展中的物流企业，修正后的利润分配方案可以对中小物流企业在利润分配中给予更多的保护，对它们在网络中的作用和地位给予充分的肯定，有利于其参与和进行积极创新，更好地促进物流外包价值网络的建立和运行。

9.4　研究结论及启示

随着理论和实践的发展，企业都已经意识到物流作为"第三利润源"在企业发展战略中的重要地位。物流外包决策将影响企业的利润，通过物流外包价值网络模型及利润分配方法，构建企业不同的情景态势，通过情景分析法可以分析物流外包对企业长期利润的影响。

情景分析中的关键步骤是情景的构建，每种情景对应一种战略发展模式。模型所采用的原始情景即自然发展情景作为基准情景，在此基础上构建协同模式、风险控制模式、市场转向模式和流程重组模式四种情景模式。具体如下：

（1）协同模式注重制造企业加强与物流服务供应商的合作，该模式要求物流服务供应商增加资本投入，同时制造企业降低物流自营比例，增加外包业务范围。

（2）风险控制模式注重提高价值网络中企业控制物流风险的程度，将会增加监控成本和管理成本。

（3）市场转向模式指企业在发展到一定阶段后，重新选择和开拓目标市场，需要根据重新选择合作伙伴，进而提高价值网络的增值能力。

（4）流程重组模式指通过流程重组使制造企业进一步剔除非增值活动，明确物流活动与企业核心业务的关联程度。

以上四种模式都要依据具体情况改变部分影响因素的参数，参数的改变会影响企业的运作模式和利润分配结果。企业应根据发展阶段和企业的战略重点对四种发展模式进行比较选择。

参考文献

［1］北京市科学技术委员会．北京现代服务业促进主题实施方案［Z］．2006：16.

［2］曹庆奎，杜恒，赵斐．基于 Shapley 值法和信息熵的再制造闭环供应链利润分配研究［J］．河北工程大学学报（社会科学版），2011（3）：2.

［3］陈宝国．信息不对称条件下企业物流外包过程的风险和防范［J］．中国安全科学，2004（1）：20.

［4］陈乐群，谢志忠．委托代理的企业物流业务外包风险及其规避［J］．内蒙古农业大学学报（社会科学版），2008（41）：104－106.

［5］陈容秋．连锁企业物流外包探讨［J］．商业经济文荟，2004（6）.

［6］储力．时效性产品物流外包风险研究［D］．武汉：华中科技大学，2006.

［7］单联宏．物流外包风险的识别及其模糊评价［J］．科技创业月刊，2008（9）：98－99.

［8］中国仓储协会．第四次中国物流市场供需状况调查报告（摘要）［EB/OL］．（2007－11－30）［2012－06－01］．http：//www.jctrans.com/gen-zong/qikan/zwz.aspid＝80&sel＝wl.

［9］杜曼玲，王耀球．物流服务工程化研究初探［J］．网络财富，2008（4）：49－50.

［10］樊树海，肖田元，乔桂秀，等．大规模定制概述［J］．航空精密制造技术，2002（2）：1－4.

［11］樊治平，王岩．信息技术外包决策的对策分析方法［J］．管理工程学报，2000，16（3）：5－8.

［12］高志军，刘伟．物流服务供应链集成管理的演化机制研究［J］．物流工程与管理，2009（6）：79.

［13］国家发展和改革委员会经济运行调节局，南开大学现代物流研究中

心．中国现代物流发展报告 2014［R］．北京：北京大学出版社，2014.

［14］韩建军，郭耀煌．基于事前协商的动态联盟利润分配机制［J］．西南交通大学学报，2003，38（6）：687－690.

［15］何静，刘兴东，王会海．战略联盟内部信任机制研究［J］．企业经济，2002（2）：22.

［16］何丽红，李丹．基于委托代理理论的物流外包信任机制研究［J］．统计与决策，2008（8）：182.

［17］何明珂．物流系统论［M］．北京：中国审计出版社，2001：147－148.

［18］季葆苓．物流业务外包的战略及交易成本分析［J］．大众科技，2008（10）：220.

［19］今井贤一，伊丹敬之．组织与市场的渗透［J］．经济译文，1992（2）：37－42.

［20］科斯，德姆塞茨，威廉姆森，等．财产权力与制度变迁［M］．上海：上海人民出版社，1990.

［21］李爱国，彭其渊．物流外包风险感知及其化解研究［J］．求索，2007（3）：18.

［22］李电生，刘凯，赵闯．企业物流外包的决策模型研究［J］．北京交通大学学报，2005（12）：42－43.

［23］李兰冰．生产制造型企业的物流外包决策［J］．物流技术，2005（1）：7－9.

［24］李小卯．资源外包与技术管理［J］．科技导报，2000（8）：58－61.

［25］李燕．基于大规模定制的第三方物流模式研究［D］．武汉：华中科技大学，2007.

［26］李震，邓培林，王宇奇，等．基于 Shapley 值法模型的供应链联盟企业利益分配修正算法［J］．安徽农业科学，2008，36（29）：12907－12909.

［27］连业伟，左为民．基于委托代理理论的物流外包［J］．产业与科技论坛，2008（7）：56.

［28］梁静，蔡淑琴．信息共享程度对物流外包激励契约的影响［J］．中国管理科学，2006（1）：52.

［29］刘东．非一体化经营方式的有效性及交易费用条件［J］．经济理

论与经济管理，2001（9）：25.

［30］刘建香．企业物流外包中的委托代理问题及模型研究［J］．商业时代，2007（36）：17－18.

［31］刘俐．现代物流学［M］．辽宁：东北财经大学出版社，2003.

［32］刘联辉．企业物流外包风险预警系统的设计与评价［J］．物流技术，2005（9）：55－57.

［33］刘伟华．物流服务供应链能力合作的协调研究［D］．上海：上海交通大学，2007.

［34］刘小群，赖益凝．供应链管理下物流外包的动因、风险及其规避［J］．商业经济与管理，2004（3）：28－29.

［35］刘小群，马士华．物流外包中的委托代理关系及其风险研究［J］．经济管理，2004（22）：52－57.

［36］刘彦平．物流外包的交易成本理论分析［J］．商业经济与管理，2005（9）：13－15.

［37］刘怡君，易秀娟．浅谈企业物流外包的风险及防范策略［J］．现代经济（现代物业下半月刊），2008（7）：102－103.

［38］卢锋．服务外包经济学分析：产品内分工视角——兼论我国承接国际服务外包问题［EB/OL］．（2007－07－10）［2012－02－16］. http://www.doc88.com/p－812688209901.html.

［39］卢建新．中间组织崛起的原因［J］．中南财经政法大学学报，2005（1）：48.

［40］卢志舟，郝玉龙，张仲义．基于交易费用的企业物流外包边界问题的研究［J］．生产力研究，2007（11）：111－112.

［41］吕炳泉．现代生产企业物流运作管理［M］．长沙：湖南科学技术出版社，2002：98－103.

［42］吕会军，李锦飞．基于Shapley值法新模型的动态联盟利润分配研究［J］．商场现代化，2007（510）：64－65.

［43］罗杰·B·迈尔森．博弈论：矛盾冲突分析［M］．于寅，费剑平，译．北京：中国经济出版社，2001：296.

［44］马士华，林勇．供应链管理［M］．北京：机械工程出版社，2000.

［45］迈克尔·波特．竞争战略［M］．北京：华夏出版社，1997.

［46］孟祥茹．基于交易费用的物流外包研究［J］．商业研究，2004

(21)：34 – 35.

［47］孟祥茹．基于委托代理理论的物流外包分析［J］．江苏商论，2008（4）：50.

［48］南开大学现代物流研究中心．中国现代物流发展报告（2010）［R］．北京：中国物资出版社，2010.

［49］宁石才，孟祥生，戴青松．物流业务外包的风险识别及其模糊评价［J］．煤炭经济研究，2004（12）：33.

［50］牛金玉．现代物流基础［M］．北京：中国物资出版社，2003.

［51］彭丽芳．基于价值链方法的服务系统创新分析［J］．2008（5）：36 – 37.

［52］祁国宁，顾新建，李仁旺．大批量定制及其模型的研究［J］．计算机集成制造系统——CIMS，2000，6（2）：41 – 45.

［53］申风平，许正平．第三方物流企业道德风险规避探析［J］．中国采购与运输，2006（1）：25.

［54］沈贞．影响制造企业物流外包决策的关键因素［J］．河北理工大学学报（社会科学版），2009（6）：52 – 54.

［55］施蒂格勒．产业组织和政府管制［M］．上海：上海人民出版社，1996.

［56］施蒂格勒．进入壁垒、规模经济和厂商规模［M］．上海：上海三联书店，1989.

［57］宋华，胡志浩．现代物流与供应链管理［M］．北京：经济管理出版社，2000：23.

［58］宋华．中国企业物流业务外包的调查与分析［J］．当代财经，2007（3）：65 – 66.

［59］孙志刚．企业物流外包及其模式探讨［J］．现代采购与物流，2008（12）：30.

［60］唐纳德·J·鲍尔索克斯，戴维·J·克劳斯．物流管理：供应链过程的一体化［M］．林国龙，宋柏，沙梅，译．北京：机械工业出版社，1999：471 – 473.

［61］唐倚智．浅议连锁超市商品物流模式［J］．中国远洋航务公告，2006（2）.

［62］田肇云，张群，王淑云．从资源依赖看物流外包［J］．企业经济，

2004 (10): 103 - 105.

[63] 托马斯·H·达文波特, 等. 信息技术的商业价值 [M]. 北京: 中国人民大学出版社, 2000.

[64] 汪传旭. 第三方物流运作的风险分析及其防范措施 [J]. 物流技术, 2003 (3): 15.

[65] 王淑云, 代坤. 物流绩效测度指标体系与应用 [M]. 长春: 吉林人民出版社, 2007.

[66] 王淑云, 孟祥茹. 物流外包与管理 [M]. 大连: 东北财经大学出版社, 2005: 68 - 75.

[67] 王勇, 杨文慧. 关于企业物流管理绩效评价体系的探讨 [J]. 商业研究, 2003 (4): 163.

[68] 王宇, 乐美龙. 基于人工神经网络的企业物流业务外包决策方法 [J]. 物流技术, 2005 (9): 83 - 86.

[69] 威廉姆森. 治理机制 [M]. 北京: 中国社会科学出版社, 2001.

[70] 韦松, 聂鸣, 范体军. 第三方物流的风险分析与规避 [J]. 中国物流与采购, 2006 (3).

[71] 翁心刚. 物流管理基础 [M]. 北京: 中国物资出版社, 2002.

[72] 吴聪. 我国连锁零售企业物流运作模式选择决策研究 [J]. 物流技术, 2005 (4).

[73] 吴刚, 晏启鹏, 游宗君. 基于交易费用的反向物流外包机理研究 [J]. 中国软科学, 2008 (3): 153 - 155.

[74] 夏文汇. 基于资源基础理论的物流外包战略决策 [J]. 重庆工学院学报 (社会科学版), 2007 (6): 9.

[75] 夏晓东. 企业物流管理 [M]. 成都: 四川人民出版社, 2002: 134 - 136.

[76] 夏佐铎, 唐必应. 企业物流业务外包风险分析及其对策 [J]. 商业研究, 2008 (6): 85.

[77] 谢识予. 经济博弈论 [M]. 上海: 复旦大学出版社, 1997.

[78] 谢识予. 经济博弈论 [M]. 2 版. 上海: 复旦大学出版社, 2002.

[79] 徐娟, 刘志学, 洪亮. 物流外包风险的系统动力学分析 [J]. 统计与决策, 2008 (260): 17 - 18.

[80] 徐寿波. 关于基础产业理论的几个问题 [J]. 北京交通大学学报

（社会科学版），2009（1）：3 - 4.

［81］亚当·斯密. 国富论［M］. 唐日松，译. 北京：华夏出版社，2004：7 - 13.

［82］杨臬，赵一飞. 制造企业的物流业务外包与外包联盟探讨［J］. 物流科技，2008（3）：132.

［83］杨达. 基于核心竞争力的企业物流外包决策研究［J］. 铁道运输与经济，2008（11）：67 - 68 + 90.

［84］杨国军. 企业物流外包的风险评估和控制研究［D］. 武汉：华中科技大学，2006.

［85］杨静蕾，刘秉镰，蒋笑梅. 物流服务需求总体规模及趋势分析［J］. 物流技术，2004（8）：13 - 15.

［86］杨俊辉，李亮. 企业物流外包风险的模糊综合评价［J］. 西安邮电学院学报，2008，13（6）：26 - 28.

［87］臧旭恒，徐向艺，杨蕙馨. 产业经济学［M］. 北京：经济科学出版社，2002：258 - 259.

［88］战立秋. 中国制造企业建立物流外包联盟的研究［J］. 当代经济，2009（5）：9.

［89］张辉. 全球价值链动力机制与产业发展策略［C］. 中国工业经济，2006（1）：33.

［90］张青山，等. 企业动态联盟风险的管理机制和防范体系［M］. 北京：中国经济出版社，2006：93 - 94.

［91］张青山，郑国用，赵忠华. 虚拟企业风险分析模型［J］. 工业技术经济，2001（1）：37 - 38.

［92］张王伟，许长新. 契约物流的契约理论分析［C］. 第三届中国物流学术年会论文集，2004：336.

［93］张维迎. 博弈论与信息经济学［M］. 上海：上海人民出版社，1996（11）.

［94］张文杰，陈宝国，琚泽钧. 存在效用遗传性时企业物流横向联合外包的决策分析［J］. 北方交通大学学报（社会科学版），2003（1）：23 - 26.

［95］张旭辉. 基于三维变量的物流外包合作博弈分析［J］. 重庆建筑大学学报，2007（6）：132 - 135.

［96］张延锋，刘益，李垣. 战略联盟价值创造与分配分析［J］. 管理

工程学报，2003（2）：20－22.

［97］赵恒峰，邱苑华，王新哲. 风险因子的模糊综合评判法［J］. 系统工程理论与实践，1997（7）：93－96.

［98］赵焕臣，许树柏，和金生. 层次分析法［M］. 北京：科学出版社，1986：36.

［99］郑文军，张旭梅，刘飞，等. 敏捷虚拟企业利润分配机制研究［J］. 管理工程学报，2001，15（1）.

［100］中国经济信息网. 中国石油加工及炼焦行业分析报告（2009年4季度）［EB/OL］.（2009－11－25）［2014－05－17］. http：//www. cel. gov. cn.

［101］中国物流与采购联合会. 中国物流年鉴2004［M］. 北京：中国社会出版社，2014.

［102］中华人民共和国国家统计局. 中华人民共和国2010年国民经济和社会发展统计公报［EB/OL］.（2011－02－08）［2011－03－16］. http：//www. china. com. cn/ econmic/txt/2011－02－28/content_ 22020234. htm.

［103］周盛世. 物流外包风险管理分析［J］. 中国储运，2009（9）：95－96.

［104］周叔莲. 中国产业政策研究［M］. 北京：经济管理出版社，1990.

［105］周涛，乔忠，程钧谟. 生产企业物流外包的信息博弈分析［J］. 华东经济管理，2008（10）：101－103.

［106］周翔，王耀球. 工业物流的发展研究［J］. 企业物流，2006（5）：87－88.

［107］朱迎春. 生产企业的物流能力与外包决策分析［J］. 商业时代，2008（6）：13.

［108］Pine B J. 大规模定制：企业竞争的新前沿［M］. 操云甫，等译. 北京：中国人民大学出版社，2000.

［109］WILLIAMSON O E. 交易费用经济学：契约关系的规则［M］. 陈郁，译. 上海：上海三联书店，1996.

［110］AGHAZADEH S M. How to choose an effective third party logistics provider［J］. Management Research News，2003（7）：50－58.

［111］ALLAN AFUAH. Business models：a strategic management approach［M］. New York：McGraw－Hill Irwin，2004.

[112] ALTINKEMER K, CHATURVEDI A, GULATI R. Information systems outsourcing: Issues and evidence [J]. International Journal of Information Management, 1994 (14): 252 - 268.

[113] BAIN J S. Barriers to New Competition [M]. Cambridge: Harvard University Press, 1956.

[114] BERRY D. The analysis, modelling and simulation of a re - engineered PC supply chain [D]. Cardiff: University of Wales, College of Cardiff, 1994.

[115] BETTIS R A, BRADLEY S P, HAMEL G. Outsourcing and Industrial Decline [J]. Academy of Management Executive, 1992, 6 (1): 7 - 22.

[116] BOLUME, FRANKEL, NASLUND. The impact of Operating environment on the formation of cooperative logistics relationships [J]. Transportation Research, 2007, 33 (1): 53 - 65.

[117] BOSTEL A J, SAGAR V K. Dynamic control systems for AGVs [J]. Computing & Control Engineering Journal, 1996 (8): 169 - 176.

[118] COASE R. The Nature of the Firm [J]. Economic, 1937, 2 (1): 21.

[119] D J TEECE. Toward an Economic Theory of the Multiproduct Firm [J]. Journal of Economic Behavior and Organization, 1982 (3): 39 - 63.

[120] EARL M J. The risk of Outsourcing IT [J]. Sloan Management Review, 1996: 26 - 33.

[121] EISENHARDT K M. Agency theory: an assessment and a review [J]. Academy of Management, 1989 (14): 57 - 74.

[122] GEREFFI G, HUMPHREY J, STURGEON T. The Governance of Global Value Chains [J]. Review of International Political Economy, 2005, 12 (1): 78 - 104.

[123] GIESBERTS P J, VANDERTANG L. Dynamics of the customer order decoupling point: impact on information systems for production control [J]. Production Planning & Control, 1992, 3 (3): 300 - 313.

[124] TOMÁS F, VICTOR PADRÓN. A review of outsourcing from the resource - based view of the firm [J]. International Journal of Management Reviews, 2006, 8 (1): 49 - 70.

[125] SONG Y, MAHER T E, NICHOLSON J D, et al. Strategic alliances

in logistics outsourcing [J] . Asia Pacific Journal of Marketing and Logistics, 2000, 12 (4): 3 - 21.

[126] HUMMELS L DVAID, DANA RAPOPORT, KEI - MU YI. Vertical Specialization and the Changing Nature of World Trade [J] . Economics Policy Review, 1998, 4 (2) .

[127] HUMMELS L DVAID, JUN ISHII, KEI - MU YI. The Nature and Growth of Vertical Specialization in World Trade [J] . Journal of International Economics, 2001 (54): 1, 75 - 96.

[128] HUMPHREY J, SCHMITZ H. Governance in Global Value Chain [J] . IDS Bulletin, 2001 (3) .

[129] JANNE HUISKONEN, TIMO PIRTTILA. Lateral coordination in a logistics outsourcing relationship [J] . International Journal of Production Economics, 2002, 78 (2): 177 - 185.

[130] JENSEN M C, MECKLING W H. Theory of the firm: managerial behavior, agency costs and ownership structure [J] . Journal of Financial Economics, 1976 (3): 305 - 360.

[131] JERRY SHEEHAN. Understanding service sector innovation [J] . Communications of the ACM, 2006 (49): 42 - 47.

[132] KERN T, WILLCOCKS L P. Exploring information technology outsourcing relationships: theory and practice [J] . Journal of Strategic Information Systems, 2000 (9): 321 - 350.

[133] KLEPPER R, JONES W O. Outsourcing information technology [J] . Systems and Servers, 1999 (10): 12 - 15.

[134] LACITY M C, WILLCOCKS L P. IT outsourcing: Maximize flexibility and control [J] . Harvard Business Review, 1995 (5): 84 - 93.

[135] LACITY M C, WILLCOCKS L P, FEENY D F. The value of selective IT sourcing [J] . Sloan Management Review, 1996 (37): 13 - 25.

[136] LAMPEL J, MINTABERG H. Customizing customization [J] . Sloan Management Review, 1996, 38 (1): 21 - 30.

[137] LIEB R, KENDRICK S. The use of Third - Party Logistics Services by Large American Manufacturers: the 2002 survey [J] . Supply Chain Forum: An International Journal, 2002, 3 (2): 2 - 10.

［138］ LOGAN, MAY S. Using Agency Theory to Design Successful Outsourcing Relationships ［J］. International Journal of Logistics Management, 2000 (2): 21 - 32.

［139］ LOH L, VENKATRAMAN N. Determinants of information technology outsourcing: A cross - sectional analysis ［J］. Journal of Management Information Systems, 1992 (9): 7 - 24.

［140］ OJELANKI K NGWENYAMA, NOEL BRYSON. Making the information systems outsourcing decision: a transaction cost approach to analyzing outsourcing decision ［J］. European Journal of Operational Research, 1999 (11): 351 - 367.

［141］ OLSEN R F, ELLEAN L M. A portfolio approach to supplier relationship ［J］. Industrial Marketing Management, 2000 (26): 101 - 113.

［142］ PEARCE DAVID W. The MIT Dictionary of Modern Economics ［M］. Cambridge: The MIT Press, 1983: 2001.

［143］ PINE B J, VICTOR B BOYTON. Making mass customization work ［J］. Harvard Business Review, 1993, 71 (5): 108 - 111.

［144］ PRAHALAD C K, HAMEL G. The core competency of the corporation ［J］. Harvard Business Review, 1990 (5 - 6): 79 - 90.

［145］ QUINN J B, ANDERSON P, FINKELSTEIN S. Managing professional Intellect: Making the Most of the best ［J］. Harvard Business Review, 1996 (3 - 4): 108 - 119.

［146］ ROBERT C LIEB, BROOKS A BENTZ. The Use of Third - Party Logistics Services by Large American Manufactures: The 2003 Survey ［J］. Transportation Journal, 2004.

［147］ SHANNON C. A Mathematical Theory of Communication ［J］. Bell System Technical Journal, 1948 (27): 379 - 423.

［148］ SKJOETT - LARSEN T. Third party logistics - from an interior ganilizational point of view ［J］. International Journal of Physical Distribution & Logistics Management, 2000, 30 (2): 112 - 127.

［149］ TAKAC P. Outsourcing: a key to controlling escalating IT costs ［J］. International Jounral of Technology Management, 1994 (9): 139 - 155.

［150］ ULLI ARNOLD. New dimensions of outsourcing: a combination of transaction cost economies and the core competencies concept ［J］. European Journal of Purchasing & Supply Management, 2000: 23 - 29.

［151］VENKATESEN R. Strategy outsourcing: to make or not to make ［J］. Harvard Business Review, Vov - Dec, 1992: 98 - 108.

［152］VINING A, GLOBERMAN S A. Conceptual Framework for Understanding the Outsourcing Decision ［J］. European Management Journal, 1999, 17 (6): 645 - 654.

［153］WEINER MICHAEL, NOHRIA NITIN, HICKEMAN A, et al. Value Networks: the future of the US electric utility industry ［J］. Sloan Management Review, 1997, 38 (4): 21 - 34.

［154］WILLCOCKS L P, FITZGERALD G. Lacity M C. To Outsourcing IT or not? Recent research on economics and evaluation practice ［J］. European Journal of Information Systems, 1996 (5): 143 - 160.

［155］WILLIAMSON O E. Markets and Hierarchies: Analysis and Antitrust Implications ［M］. New York: The Free Press, 1975.

［156］WILLIAMSON O E. The Economic Institution of Capitalism: Firms, Markets, Relational Contracting ［M］. New York: The Free Press, 1985: 511 - 512.

［157］ZIPKIN P. The limits of mass customization ［J］. Mit Sloan Management Review, 2001, 42 (3): 81 - 87.

附录 A

中国制造业的行业构成

行业	企业法人 a	就业人员 b
农副食品加工业	10.0	452.4
食品制造业	4.0	217.2
饮料制造业	3.4	164.3
烟草制品业	0.0	20.5
纺织业	10.4	804.6
纺织服装、鞋、帽制造业	7.6	640.9
皮革、毛皮、羽毛（绒）及其制品业	2.9	336.7
木材加工及木竹藤棕草制品业	6.1	237.3
家具制造业	3.5	157.5
造纸机纸制品业	4.7	218.3
印刷业和记录媒介的复制	5.2	153.4
文教体育用品制造业	1.9	167.5
石油加工、炼焦及核燃料加工业	0.6	91.4
化学原料及化学制品制造业	9.3	557.0
医药制造业	1.5	167.4
化学纤维制造业	0.4	48.5
橡胶制品业	2.0	127.7
塑料制品业	9.5	387.4
非金属矿物制品业	20.6	932.9

行业	企业法人 a	就业人员 b
黑色金属冶炼及压延加工业	1.8	329.7
有色金属冶炼及压延加工业	2.1	202.5
金属制品业	12.7	499.2
通用设备制造业	17.6	717.2
专用设备制造业	8.9	431.1
交通运输设备制造业	7.6	577.3
电气机械及器材制造业	8.9	624.8
通信设备、计算机及其他电子设备制造业	4.3	698.8
仪器仪表及文化办公用机械制造业	2.3	149.0
工艺品及其他制造业	6.4	223.7
废弃资源和废旧材料回收加工业	0.8	23.4
合计	177.0	10359.6

注：a. 数据截至 2008 年 12 月 31 日（单位：万个）。

　　b. 数据截至 2008 年 12 月 31 日（单位：万人）。

资料来源：整理自中华人民共和国《第二次全国经济普查主要数据公报（第二号）》。

附录 B

A 企业物流资源及运营状况调查问卷（部分内容）

一、调查时间

2009 年 3—6 月

二、调查范围

A 企业总部及其下属的油田分公司、炼化分公司、管道分公司等。

三、调查目标

目标一：通过调查，要基本掌握企业的采购、销售与物流资源的现实状况及运作模式。

目标二：为模型的应用提供实证材料和信息来源。

四、问卷内容

（一）企业基本情况调查

企业名称：_____   地   址：_____

从业人员数量：_____   所有制性质：_____

1. 企业提供的服务类型：_____。

2. 企业主要面向（   ）行业或产品进行服务。

3. 企业年营业收入（   ）万元；上缴利税（   ）万元/年。

4. 企业基础设施（含软硬件）累计投资额（   ）万元。

5. 如果是制造型企业，企业生产过程类型（   ）。

A. 流程型   B. 离散型   C. 混合型

6. 企业所处发展阶段（   ）。

A. 创始期   B. 发展期   C. 稳定期

D. 业务收缩期   E. 其他（请注明）

7. 当前企业物流信息化状态（　　　　）。

A. 未实施物流信息化

B. 个别流程已完成信息化

C. 内部流程信息化集成完成

D. 内部流程与外部流程整合阶段

8. 主营业务主要产品（　　　　），年产量（　　　　），计量单位（　　　　）。

9. 企业的产品类型（　　　　）。

A. 资金密集型　　　　B. 劳动密集型　　　　C. 知识密集型

10. 产品/服务的技术难度（　　　　）。

A. 高　　　　　　　　B. 中　　　　　　　　C. 低

11. 企业在本行业中所处的位置（　　　　）。

A. 领先（前三位）　　B. 先进（前三位～前十位）

C. 一般　　　　　　　D. 落后

12. 是否通过 ISO 9000 认证（　　　　），如通过，则版本号为（　　　　）。

A. 已经获得　　　　　B. 正在准备　　　　　C. 未获得

（二）采购管理部分

1. 进行供应商分析（即对供应商进行评价）时至关重要的三个因素（　　　　）。

A. 价格　　　　　　　B. 质量　　　　　　　C. 供应商信誉

D. 过去与该供应商的交往经验　　　　E. 售后服务

F. 位置　　　　　　　G. 供应商存货政策　　H. 柔性

2. 选择供应商时哪些是至关重要的三个因素（　　　　）。

A. 产品或服务质量与数量保证

B. 生产提前期与按时运送

C. 柔性

D. 供应商所处位置

E. 价格

F. 产品或服务改变

G. 信誉与财务状况稳定性

3. 每种物料的供应商数量（　　　　）。

A. 3 个以下　　　　　B. 3～10 个　　　　　C. 10 个以上

4. 企业与供应商的关系（　　　）。

A. 竞争对手关系　　　B. 合作伙伴关系

C. 既是对手又是伙伴关系

5. 企业通常会选何种级别的供应商（　　　）。

A. 世界级供应商

B. 经过 ISO 9000 认证的供应商

C. 只凭关系、价格优势来选择供应商

6. 供应商能否按期交货（　　　）。

A. 按期交货　　　　B. 有时拖期　　　　C. 经常拖期

7. 如果企业是集团公司，采购是（　　　）。

A. 统一采购　　　　B. 各分公司单独采购

C. 集中与分散采购相结合

8. 企业的采购（　　　）。

A. 为库存采购　　　B. 为订单采购　　　C. 准时制采购

9. 采购时的定价方法（　　　）。

A. 发报价单　　　　B. 竞标

C. 协商　　　　　　D. 几种方式相结合

10. 经电子商务产生的采购额占总采购额的百分比（　　　）%。

11. 付款方式（　　　）。

A. 先付款　　　　　B. 货到后付款

12. 与供应商联系的方式（　　　）。

A. 通过 SCM 联系

B. 通过 Internet、E - mail 联系

C. 电话、传真联系

D. 其他

13. 采购部门业务信息和供应商信息共享程度（　　　）。

A. 信息没有共享，基本由每个业务人员自己掌握

B. 在一定程度上实现了信息共享

C. 信息共享程度高

14. 库存管理中订货量的确定和哪些因素相关（　　　）。

A. 定期订货　　　　B. 定点订货

C. 和生产、季节相关订货

D. 根据销售合同订货　　　　　　　E. 根据市场预测订货

F. 基于 MRP Ⅱ 或看板管理等现代思想订货　G. 其他

（三）销售管理部分

1. 产品类型（　　　　　）。

A. 工业品　　　　　　B. 消费品　　　　　　C. 服务或咨询

2. 企业的销售方式（　　　　　）。

A. 直销　　　　　　　B. 代销　　　　　　　C. 代理

D. 特许专卖　　　　　E. 批发、零售

3. 销售预测的方法（　　　　　）。

A. 定性方法（经验估计）

B. 定量方法（用数学模型或相关软件预测）

4. 销售预测水平（　　　　　）。（准确率）

A. 95% 以上　　　　　B. 85%～95%　　　　C. 75%～85%

D. 60%～75%　　　　　E. 60% 以下

5. 企业产品的市场销售情况（　　　　　）。

A. 供不应求　　　　　B. 供大于求　　　　　C. 基本平衡

6. 产品价格对于销售额的影响（　　　　　）。

A. 非常显著　　　　　B. 影响一般　　　　　C. 没有太大影响

7. 企业进行产品销售时主要采用的付款方式是（　　　　　）。

A. 先付款后发货　　　B. 先发货后付款

C. 一手交钱一手提货　D. 难以说清楚

8. 产品销售区域（　　　　　）。

A. 地区性　　　　　　B. 全国市场　　　　　C. 国际市场

9. 企业在其市场中设立办事处吗？（　　　　　）。

A. 有　　　　　　　　B. 没有

如果有办事处，那么办事机构所涉及的市场深度为（　　　　　）。

A. 区域市场　　　　　B. 二级市场　　　　　C. 三级市场

10. 销售人员占全体员工人数的比例（　　　　　）。

A. 3% 以下　　　　　　B. 3%～5%　　　　　C. 5%～10%

D. 10%～20%　　　　　E. 20% 以上

11. 按时交货率（　　　　　）。

A. 90% 以上　　　　　B. 80%～90%

C. 70% ~ 80%　　　　D. 70% 以下

12. 企业销售半年期回款率大致在（　　　　　）。

A. 40% 以下　　　　B. 40% ~ 60%

C. 60% ~ 80%　　　　D. 80% ~ 90%

E. 90% 以上

13. 是否进行客户满意度的调查（　　　　　）。

A. 进行　　　　　　B. 不进行

14. 若进行了客户满意度的调查，客户对企业的产品的满意情况（　　　　　）。

A. 满意　　　　　　B. 基本满意　　　　　C. 不满意

15. 客户对售后服务的满意情况（　　　　　）。

A. 满意　　　　　　B. 基本满意　　　　　C. 不满意

16. 年销售额在同行业、同等规模企业中所处水平（　　　　　）。

A. 比较高　　　　　B. 一般　　　　　　C. 比较低

17. 销售费用占销售收入的百分比（　　　　　）。

A. 10% 以下　　　　B. 10% ~ 20%　　　　C. 20% 以上

18. 企业是否开展了网上营销（　　　　　）。

A. 已开展　　　　　B. 正在准备　　　　　C. 未开展

19. 由电子商务产生的销售额占总销售额的百分比（　　　　　）。

A. 5% 以下　　　　　B. 5% ~ 10%　　　　C. 10% 以上

（四）物流管理部分

1. 仓库租金（　　　　　）元/平方米·月。

2. 自建/自有仓库占地面积（　　　　　）平方米；使用面积（　　　　　）平方米；自有仓库设计能力（　　　　　）；平均储存量（　　　　　）吨/年；是否拥有物流地产业务？（　　　　　）；面积（　　　　　）平方米；租用仓库面积（　　　　　）平方米；平均储存量（　　　　　）吨/年。

3. 自建/自有仓库类型（　　　　　）；租用仓库类型（　　　　　）。

A. 普通仓库　　　　B. 冷藏库　　　　　C. 其他

D. 平库　　　　　　E. 楼库

4. 是否有新建、扩建、改建仓库计划？（　　　　　）；面积（　　　　　）平方米。

5. 是否使用货架？　（　　　　　）；是否使用自动化立体仓

库？（　　　　）。

6. 自有车辆数量（　　　　　）辆；租用车辆数量（　　　　　　）辆；自有车辆类型（　　　　　）；租用车辆类型（　　　　　）。

A. 普通货车　　　　　B. 冷藏车　　　　　　　C. 厢式货车

D. 其他

7. 年平均货运量（　　　　　）万吨。

8. 是否采用信息系统处理物流业务？（　　　　　　）；能否满足企业需求？（　　　　　）。

9. 货物购进量（　　　　）万吨/年；货值（　　　　　）万元/年；货物出货量（　　　　）万吨/年；货值（　　　　　）万元/年。

10. 企业在物流领域的累计总投入（含软硬件设施）（　　　　　）万元。

11. 企业物流成本（或运输及仓储费用合计）（　　　　　）元/年。

12. 企业物流业务是否外包？（　　　　　）外包哪些业务？

13. 企业物流业务外包过程中，要承担哪些风险？

14. 是否关注物流企业的创新能力？

15. 是否关注物流企业的风险承担能力？